変調「日本の古典」講義

身体で読む伝統・教養・知性

内田樹
uchida tatsuru

安田登
yasuda noboru

祥伝社

変調「日本の古典」講義

はじめに

内田 樹

みなさん、こんにちは。内田樹です。今回は安田登さんとの『論語』と能楽をめぐる対談本です。

安田さんとお話しするのは、僕にとって最大の楽しみの一つです。とにかく安田さんも僕も「変な話」が大好きなので、どんなトピックでおしゃべりしていても、「話がきちんとした合理的な結論に到達しそうな道」と「話頭は転々奇を究めて、何が何だか分からない話になってしまいそうな道」があると、必ず後のほうを選んでしまいます。結論とか教訓とか一般性とか、そんなことははっきり言ってどうでもいいんです。それより、安田さんからこれまで一度も聞いたことのない話を聞きたい、自分もこれまで誰にも言ったことのない話（これまで一度も僕の脳裏に浮かんだことのない話）をしたい。そういう対話相手って、なかなかいません。

もちろん、「変な話」をする人は世の中にたくさんいます。でも、そういう人たちはしばしば自分の話に夢中になると、こちらの話は拾ってくれないんですよね。自分の十八番の「変な話」をまくしたてられると、そのうちなんだか録音したものを聞かされているような気になって、げんなりしてきます。「変な話」のし甲斐があるのは、お互いに「変な話」に没入しつつ、時折相手の話題を素材に繰り込みながら、さらに「変な話」を広げ、深めてゆくというかたちのものです。そういう対話相手として安田登さんは望みうる最高の相手です。

本書で披瀝されている「変な話」やそれに付随するトリヴィア的雑学は、とくに読者の皆さんが今すぐに了解しなければならないほどに緊急性のあるものではありません。何しろ「論語」と「能楽」ですからね。二五〇〇年前の学術と六五〇年前の芸能の話ですから、速報性も緊急性もぜんぜんありません。

それにこの本に収録されている対談そのものが、もうずいぶん前に行なったものなんです（ものによっては七、八年前）。それを祥伝社の栗原さんにテープ起こししてもらって、データにしてもらって、それに加筆するという仕事を僕も安田さんもずいぶんのんびりとやりました。時事的なトピックを扱った新書なんかの場合だと、原稿が半年も遅れると「もうそんな話に誰も興味示さないので、出版しません」というような悲痛なことが起こりますけれど、本書の場合はそういう心配がぜんぜんありません。出版が五年や一〇年遅れても、書かれていることのリーダビリティは揺るがない。主題が主題ですから、そうでなくては困ります。
今回久しぶりにゲラを読み返してみて、たいへん面白かったです（書いた当人が言うのも何ですが）。だいぶ前のものですと、本人も何を話したのか覚えていないので、自分の発言を読みながら、「え？　それで、それで、どうなるの？」とどきどきするということさえありました。「自分で言ったことくらい覚えておけよ」というお叱《しか》りもあるでしょうけれど、「売り言葉に買い言葉」ならぬ「安田さんの『変な話』に対抗してさらに『変な話』で応酬」ということを必死でしていたせいで、そのとき思いついて、そのまま忘れてしまった話というのが多いのです。書いた本人が読んでも面白いくらいですから、読者においてをや。

安田登さんと知り合ったのは、どういうきっかけだったでしょうか。もう一〇年以上前、たしか『ブロードマッスル活性術』という本がうちにありました。ロルフィングをしている頃の安田さんが書かれた本です。うちの奥さんが持ち帰ってきた本だと思います。暇な日にこたつでごろごろしているとき手に取りました。僕はそういう「ハウツー本」というのはあまり読まないのですけれど、その日はたまたま「本と目が合う」ということが起きたようです。そのまま一気に最後まで読んでしまい、世の中には面白いことをしている人がいるなと感心して、さっそく次の週から「ブロードマッスル合気道」というものを道場で実験してみました。するとこれがたいへん効果的であった。そこで奥さんに「この本、すごく面白かった。役に立った」と感想を述べたら、「私、その本書いた安田登さんと一緒に箱根《はこね》神社で子どもに能を教えています」とのこと。おお、これは意外な縁が（ちなみにうちの奥さんは大倉《おおくら》流の小鼓方《こつづみかた》です）。

そのうち、たぶん奥さんが安田さんに箱根で会ったときに「内田が安田さんの本を面白がってました」と伝えてくれたのでしょう、安田さんが横浜のカルチャーセンターで能楽講座をするのだけれど、そのゲストスピーカーとして来てくれないかというオファーがありました。喜んでお受けしました。それがたぶんお会いした最初だったと思います。そのとき講座で対談し、打ち上げで行った中華街でもそのまま話し続けました。そのときにたまたま祥伝社の栗原さんが同席されていて、「この二人のとりとめのない話を本にしたら……」と思った成果が本書であります（と思ってから本になるまでたいへんに長い時間がかかりました。栗原さん、遅くなってほんとうにすみませんでした）。

もしかすると、新潮社の『考える人』で連載していた、僕がホストとして身体技法の名人たちとお話をする「日本の身体」シリーズの第一回ゲストを安田さんにお願いしたのがお会いした最初かもしれません。昔のことなので、記憶が定かではありませんが、いずれにせよ、最初にお会いしたときに「この人とは長いつきあいになりそうだな」と思ったことはたしかです。それから後は安田さんの主宰する「天籟《てんらい》能の会」のイベントにお誘いいただいたり、僕の道場である凱風館《がいふうかん》に来ていただいたり、いろいろなところでお話をしてきました。

この対談本にはその一〇年近い二人のおしゃべりのエッセンスが漏れなく収録されています。トリヴィア的なことはあちこちでもっと話していますけれど、「エッセンス」はここに尽くされていると言ってよいと思います。

この本を誰に読んで欲しいのか、今ちょっと考えましたけれど、若い人たち（できたら中学生や高校生）です。そういう人たちに読んでもらえたらうれしいです。理由は本書を徴していただければ、おのずと知れるのですけれど、僕たち日本人がどれほど深く「伝統文化」に半身を浸《ひた》して生きているかということに気づくのは早ければ早いほどいいと思うからです。

若い人たちは、どちらかと言うと、「自国の伝統と何の関係もないまったく新しいもの」に惹きつけられます。僕自身、中学生の頃、いちばん夢中になって読んだのはアメリカのSFでした。それは明らかにそれが日本の文化的伝統とほとんど無縁のものに思えたからです。「一〇〇％ブランニュー」というところに魅せられたのです。正直言うと、大人たちが見向きもしない新しいものであれば何でもよかったんです。

二十代の半ばくらいまでは「新しいものはよい。古いものはダメだ」という単純な進歩史観の信奉者でした。当たり前ですね。子どもが大人に勝てるとしたら「新しいものに対する感度の高さ」しかないんですから。

でも、文化的な作物について、「これが分かんねえやつは時代遅れ」というような定型的な決めつけをして勝った負けたで一喜一憂するのは、ほんとうは意味がないことなんです。だって、この世に「ほんとうに新しいもの」なんてほとんどないからです。多くは「ありものの使い回し」です。ほんとうにそうなんです。

でも、勘違いしないで欲しいのですけれど、それが「悪い」と言っているんじゃないんです。むしろ「すごいこと」だと僕は思います。何度も何度も使い回しされ、焼き直しされるものというのは歴史の風雪に耐えて生き延び、あらゆる場所の、あらゆる世代の人々の創造的な気分を活性化しているんですから。たぶんそれは人間がそれなしでは創造することができない何かなんだと思います。

というわけで、ある時点から僕は「新しいもの」を追いかけるのを止めて、長い期間にわたり（ものによっては何百年にわたって）文化的創造を通じて執拗に繰り返され、反復されるものを検出することのほうに興味を持つようになりました。武道や能楽や古典文学に関心が移ったのはそのせいです。

それは単なる知的関心という以上に、自分自身がどれほど豊かな文化的伝統に養われているのか、それに気づくと、急に生きやすくなったからです。

『未知との遭遇』というスティーブン・スピルバーグの映画がありましたけれど、そのキャッチコピーはWe are not alone.でした（ずいぶん古い話ですから、若い人はご存じないと思いますが）。

このWe are not aloneということを感じることがあります。古流の型を稽古しているうちに、古人がその型に託した術理に気づいたときとか、能楽の謡《うたい》を稽古しているときに、思いがけなく身体の深層の筋肉が震動し始めたときです。「ああ、昔の人も『これと同じこと』を感じたんだな」ということが実感されると、「私はひとりじゃない」と思うのです。何というか暖かくて、フレンドリーなものに触れた感じです。そして、当然ながら、時代が隔たっていればいるほど、「あ、昔の人も、これと同じことを感じたのかな……」と直感したときの喜びは深いです。

長くなってきたので、そろそろ話をまとめます。

これから先、若者たちの中から「出家」したり、「諸国一見」の旅に出たり、伝統的な芸能や技術の習得のために師匠に「弟子入り」したり……という生き方を選ぶ人が増えてくるんじゃないかという気がします。気がするだけで、何の根拠もないんですけれど。

でも、僕たちが豊かで多様な伝統的な文化的資源に養われて日々暮らしているということが感知されたとき、どうすれば昔の人たちの思いや感情と交流できるのか考え始めたとき、そういう生き方はごく自然に選ばれるのではないかと思います。

安田さんと僕は二人ながら「昔の人の心身のうちに想像的に入り込む」ということの専門家です。そんなことを専門にしてどんな「いいこと」があるんだろうと疑問を抱く人がきっといると思いますが、その疑問はお読みになるうちに氷解すると思います。とりあえず二人とも最初から最後まで上機嫌ですから、「そういうこと」ができると機嫌よく暮らせるということは確かです。

ではどうぞゆっくりお読みください。

二〇一七年一一月

変調「日本の古典」講義　目次

はじめに　内田樹 …… 3

第一章　身体で日本を読む――二重構造の日本文化 …… 17

鵺《ぬえ》 …… 18
滅びし者の物語 …… 21
淀むところ、溢れるところ …… 23
観音様は水あるところに …… 27
見えないものが見えた那須与一《なすのよいち》 …… 28
海民と山民の戦い …… 30
人馬一体 …… 36
草薙剣《くさなぎのつるぎ》 …… 39
「よみ」と「黄泉」 …… 42
太安万侶《おおのやすまろ》は『古事記』に何を仕掛けたのか …… 44
出雲の鬼ライン …… 46
能の始祖の漂う物語 …… 48

自我の拡大 51
漂泊する芸能民 54
「負けながら勝つ」者たち 57
土着に外来を「上書き」する 61
森羅万象に仏性を見る 63
遊女の道と山伏の道 67
定住と遊行 71

第二章 古典を身体で読み直す——論語、六芸《りくげい》、「うた」の力 75

論語を身体で読む 76
白川静《しらかわしずか》と孔子 80
なぜ六芸は「礼」から始まるのか 81
「今ここに存在しないもの」と関わる 83
弓馬の道 85
「書」と憑依《ひょうい》 87
数字に景が見えた人々 90
夢の中にあるもの 96

霊を呼ぶ・人を動かす 99
六芸とリベラルアーツ 101
孔子は見ていた 105
「存在しない存在」を呼ぶ装置 110
孔子が求め歩いたもの 113
「楽」の威力 115
陰陽を整える 118
消えた「楽」 123
嘯《うそぶ》く・笑う・震える 124
「御」と「射」 128
投擲《とうてき》と息のコントロール 131
日本にある「うた」の力 134

第三章 身体感覚で考える——中世の身体技法にあるヒント

第三章 身体感覚で考える——中世の身体技法にあるヒント 137
脳と身体 138
中世の身体 143
型について解説してはならない 147

場を主宰する力……152
共感覚・海が見えた幻影体験……155
世界中に存在する共感覚メソッド……160
うまく歩けない人々……163
地団駄を踏む……170
揺らぐブルース・リー……172
胴体と四肢のバラバラ感……175
掃除で開く身体……180
本当の敬意が心を開く……184
プロテクトする身体……187

第四章 教養を身体化する――日本人は何をもって日本人たることができるのか……193

道徳と常識……194
法家のリアリズム……198
ユダヤ人が継承してきた「知性の使い方」……202
矛盾した複数の原理の拮抗《きっこう》……205
分かるための努力をあきらめる……207

鳴らない笛 208
能は一義的な解釈を許容しない 211
能が六五〇年も続いている理由 213
寄り道の愉《たの》しみ 217
能はラップ 220
見る側を挑発する 222
教養を深く身体化した日本人 224

第五章 「共身体」を形成する——「個」を超えるために

第五章 「共身体」を形成する——「個」を超えるために 233
張良《ちょうりょう》の沓《くつ》 234
サインを感受するセンサー 237
人間の知性はどのように発動するのか 241
絶対に上達しない方法 243
能には予期せぬことがよく起こる 245
心得は臨機応変 247
答えは問う者が探し出す 249
シテが倒れても舞台は続く 252

自他の区別の曖昧《あいまい》だった日本人 256
パブリック・スクール・スポーツと能の共通点 259
共身体を形成する教育装置 264
個人を超える 270
植民地根性の英語教育 272
異界への扉は今もどこかに開いている 278

おわりに　安田　登 283

装幀　水戸部　功

第一章

身体で日本を読む

――二重構造の日本文化

鵺《ぬえ》

内田　今日は神戸までお越しいただき、ありがとうございます。

安田　東京に住んでいる者としては、関西は能楽に関連する名所旧跡の宝庫なので本当に羨《うらや》ましいのです。しかも、阪神間は能楽の歌枕の宝庫です。内田さんはもうずいぶん長い間、観世《かんぜ》流の謡《うたい》や舞を習っていらっしゃいますし、僕は下掛宝生《しもがかりほうしょう》流の能楽師です。観世流はシテ方といって能の主役を勤める流儀で、僕の下掛宝生流はワキ方。シテが幽霊などの非・人間を演じるのに対して、ワキはその幽霊を弔《とむら》う人、それもだいたい旅人の役が多い。能ではシテ方に属する人は一生シテ、ワキ方に属する人は一生ワキなので、生活もなんとなくワキ的になってくるんです。ですから、このような歌枕の宝庫にやってくると、どこかを訪ねて、弔いたくなります。だから、旅のときにはだいたい数珠《じゆず》を持っています（笑）。

で、調べたら芦屋《あしや》に鵺塚《ぬえづか》なるものがありました。これはこのあたりでは有名なものなのでしょうか。

内田　そうなんですか。能『鵺』の舞台が芦屋というのは知っていますが、鵺塚なんてものがこの近くにあるとは知りませんでした。

安田　はい。能『求塚《もとめづか》』の舞台である求塚もありますね。

内田　求塚はこちらでは「処女塚《おとめづか》」に名前が変わっているんです。この辺は古代から人が住んでいたところですから、塚が多いんです。

安田　そうですね。僕は『鵺』という曲が好きで。ぜひ内田さんには『鵺』をやっていただきたいと思っているんです。

内田　『鵺』って、どんな話ですか。

安田　はい。『鵺』のストーリーをざっとお話ししますね。

最初に登場するのはワキです。役は熊野《くまの》から京都をめざしていた旅の僧です。その僧が、摂津国《せつつのくに》芦屋の里（現在の兵庫県芦屋市あたり）に着き、里人に宿を求めますが、このあたりの大法《たいほう》によって旅人は泊められないと断わられる。でもぜひ泊めさせてくれと懇願すると、里人から川沿いの御堂を紹介されます。が、そこには夜な夜な怪しいものが出るから、注意しろと言われます。

その夜、僧が御堂に泊まっていると、夜半、真っ黒な姿をした舟人が一艘の舟に乗って現われます。「乗る人影も定かならず」と謡《うた》われるように、その姿はよくは見えません。

この真っ黒い人を演じるのがシテ方です。その舟人に僧が声をかけ、言葉を交わしていると、どうも普通の人ではない。最初は正体を明かさなかった舟人も、僧から「人間ではないだろう」と問われ、ついに、自分は昔、源頼政《みなもとのよりまさ》に成敗《せいばい》された鵺の亡魂《ぼうこん》だと明かします。頼政に殺《や》られたあと、骸《むくろ》となった鵺は、うつほ舟という中が空洞の舟に乗せられ流される。しかし、淀川《よどがわ》は淀んでいる川なので途中で止まってしまい、鵺の霊魂もそこに留《とど》まる。そして毎夜毎夜現われ、退治されたときの様を演じる。これは能の前半ですが、そのとき鵺は、源頼政の視点から演じるわけです。

内田　前《まえ》シテ（前場に出てくるシテ）がこの鵺なんですね。

安田　はい。『鵺』は前場面、後場面のある「複式夢幻能」と呼ばれる形式で、この不思議な男は前シテで、あとで正体を現わします。姿としては真っ黒な異形《いぎょう》の人ですが、自分を成敗した相手すなわち、源頼政として演じる。そして鵺が殺されたところまで演じると、いつの間にか消えていなくなってしまうのです。その後、旅の僧が一晩中弔っていると、今度は派手な姿に変わって現われる。それが後《のち》シテです。

内田　派手って、どんな格好なんですか。

安田　演出にもよりますが、全身金ぴかということもあります。金色の法被《はっぴ》を着て、面《おもて》は、目が飛び出た金色のサルのような顔。手足がトラで、尻尾《しっぽ》がヘビ。鳴き声が鵺という。鵺の声と言われても、よく分からないのですが（笑）。

そして、実は自分は鵺の本性だと明かし、自分がやられた様を演じる。先ほどは頼政の視点ですから弓を射ていましたが、今度は鵺の視点で弓を射られ倒れる様を演じるのです。自分を殺した頼政は名が上がったけれども、自分はこんなふうにうつほ舟に流されている、と。最後に、「はるかに照らせ山の端の月（山の端の月で自分を照らしてくれ）」と言いつつ、また「暗きより暗き道にぞ入りにける」と、結局また暗いところから暗い道に入ってしまい、能は終わります。

内田　いいですね。いかにも能ならではですね。一人の人間が、自分を殺す人間と殺される人間を前後で演じるというのは……。劇形式として完璧ですね。

安田　ええ、完璧です。

滅びし者の物語

内田　権力が「まつろわぬもの」たちを殺してゆくというのは能の基本的な物語の骨格ですね。この滅びた者たちをシテに擬して、彼らがいかにして殺されるに至ったのか、そのプロセスを詳細に描き、その恨《うら》みを語らせる。これが鎮魂儀礼としての能の基本構造ですね。だからシテが化け物という能が多いんですよね。『安達《あだち》ヶ《が》原《はら》（黒塚《くろづか》）』とか『山姥《やまんば》』とか。

安田　『土蜘蛛《つちぐも》』もそうですね。

内田　あれは、葛城族《かつらぎぞく》という大和《やまと》地方に古代蟠踞《ばんきょ》していた土着民が大和朝廷の王権確立の過程で滅ぼされてゆく話です。それを恨んで、権力側の暴力装置であったところの源 頼光《みなもとのらいこう》を苦しめに化けて出てくるという話です。最終的に土蜘蛛は頼光の部下の独武者《ひとりむしゃ》に惨殺されてしまうんですけれど、見所《けんじょ》（客観）が感情移入するのが「正義の王権」の側ではなくて、怨《うら》みを残して死ぬ「まつろわぬもの」の側であるというところが能の作劇の本質的なところだと思います。そして、物語の結末が必ずしも演劇的なカタルシスをもたらさない点も。殺される側には自分の最期を語り切っても、それで「どうしても片付かない気持ち」が残る。能は必ずしもそれを解決しない。しばしば、そのまま放置してぶつりと終わる。片付かないからこそ、繰り返し舞台上で再演して、その遺恨を語らせることに必然性がある。芸能そのものがエンドレスの供養になっている。そこがよくできていると思いますね。シンプルな勧善懲悪のドラマであれば「悪は滅び、善は報われる」で話がきれいに終わってしまう。でも、能は違う。滅ぼされる側からすればいくら話しても、語り切るということは起こらない。とりあえずその場から姿は消すけれども、必ずしも成仏《じょうぶつ》したわけじゃない。最後にとってつけたように成仏してハッピーエンドというかたちのものもありますけれど、これはいかにも「とってつけた」ような成仏で、「デウス・エクス・マキナ」的な解決であって、形式的には話が終わったことになっているけれど、見所からするとさっぱり話が解決した感じがしない。気持ちが片付かないんです。能に出てくる死霊悪霊たちには「最終的解決」はもたらされない。この「最終的解決を与えずに、恨みを遺して死んだものたちを宙づりにしておく」というところに能の鎮魂儀礼劇としての深みがあるような気が、僕はしますね。

安田　『鵺』でいえば、うつほ舟が漂《ただよ》っているわけですね。

淀むところ、溢れるところ

内田　『鵺』の死体は淀川を流れて芦屋に漂着するんですよね。先日、浄土真宗の釈徹《しゃくてつ》宗《しゅう》先生と大阪聖地巡礼ツアーをしたときに、淀川の話が出ました。淀川には上流からいろいろなものが漂着してくる。京都の場合、ゴミでも死体でも、「穢《けが》れたもの」はなんでも賀茂《かも》川・桂《かつら》川・宇治《うじ》川に流してしまったでしょう。塵芥《じんかい》も汚物も自然の浄化作用に委ねた。特に疫病が流行って、死骸の処理能力が追いつかなくなると、伏見《ふしみ》のあたりから宇治川にぼんぼん投げ込んでいったそうです。その結果、宇治川の鯉がまるまると太ったという話を聞いたことがあります。

京都は人工的な都市です。自然は周到に排除されています。でも、どれほど人工的な都市でも排除し切れない自然物がある。それは人間です。人間が食べるもの、人間が排泄するもの、そして人間の死体は、どれほどリファインされた人工的空間でも内部では処理できない。都市が抱え切れず、都市から溢れ出る自然物は結局まわりの野山に捨てるか、川に流すしかない。

淀川は、その名の通り、あちこちに淀みがあった。そこに川上から流れてきたものが漂着する。ゴミだけじゃありません。木材や衣服や貴金属も漂着物の中には含まれていた。ですから、流域には漂着物に対して所有権を持つ部族がいました。それが「渡辺族《わたなべ》」と呼ばれた人々です。川を流れて漂着したものを、人々は総じて「外部からの贈与」として受け入れました。その流れの途中で誰にも拾われなかったものだけが大坂湾に流れ出る。死体はそういう「引き取り手のない贈り物」の一つだったんだと思います。鵺の死体は誰もこれを「贈り物」として引き受けてくれなかったので海まで流れ出た。そこから潮に乗って芦屋浜に流れ着いた。

安田　淀川には語源が二つあると言われています。淀とは「よるところ」であり、「よってしまうところ」、つまり淀むという意味ですが、淀川という地名になったとき、実はこれはアイヌ語での「溢れる」ではないかという説があります。日本語の古い地名にはアイヌ語語源が多いんです。

内田　へえ、そうなんですか。溢れたものが漂着してくる。

安田　そうです。溢れたから、外に流されて、漂着する。

能って、いろいろな意味で「溢れる」物語だと思うのです。亡き人であるシテの残恨の思いが冥界に収まらなくなって、この世に溢れ出てしまい亡霊となって出現する。狂女がシテのときだって、その思いを「包むとすれど（隠そうとはするけれども）」、それが溢れて狂気になる。

シテとワキの対話も、どんどん進んでいくと地謡《じうたい》に引き継がれますでしょう。二人の心情を引き継いだはずの地謡は、突然、心情ではなく風景を謡い出したりします。二人の思いは溢れて、ついに風景に溶け出してしまう。それを謡うのが地謡です。地謡というのはコーラスのようなものだと説明されることが多いのですが、しかしオペラなどの合唱とはずいぶん違いますね。地謡はシテやワキの代弁者でも、あるいは観客の代表でもなく、溢れ出て風景に溶け出した二人に共通する深層の心情を謡う役割だと思うのです。これってギリシャ劇のコロスとは、その役割をまったく異《こと》にします。で、この溢れ出た深層の心情はやがて客席にまで溢れ出して、ついには能楽堂全体が一つの渦の中に入っていきます。

ポール・クローデルは能の舞台を「客席の海に迫り出している舞台」と言いましたが、

そういう意味では橋掛《はしが》かりは客席の川、幽明《ゆうめい》の境にかかる橋です。そこに棹《さお》さして『鵺』の前シテである舟人は登場し、そしてその川を通って、また暗きところに戻ってきます。

内田　近代以前においては、河川というのは、物流の重要な手段だったんですよね。

安田　日本国家ができる以前からその役割はあったのでしょう。古墳である塚があれだけあるのですから。

内田　それにもかかわらず、川沿いに住む人々はしばしば「まつろわぬ民」たちであって、中央政府の支配に服さなかった。河原って伝統的に「無縁」の場ですから。人間の統制に服すものの領域と、統制に服さないものの領域の中間にある「グレーゾーン」ですよね。

古代国家ができたときに「五畿七道《ごきしちどう》」という行政組織が整備されましたけれど、あれは「七道」という言葉から分かるように、物流を軸にして整備されたものなんです。東海道とか南海道とか北陸道とかありますけれど、地方の「まつろわぬ民たち」を軍事的に制圧するための軍事道路として、軍事物資のロジスティックスのために設計されたものなんです。興味深いのは、この中央政府直轄の軍用道路には、その当時の物流の中心であったはずの水上交通が一切含まれていないことです。兵士を運ぶにしても、物資を運ぶにしても、水上交通のほうが便利がいいはずです。でも、政府は中央集権体制を構築するための流通システムにあえて水上交通を含めなかった。どう考えても、不合理です。おそらくこれは河川が本来「まつろわぬ民たち」の蟠踞《ばんきょ》する地域であって、権力はこの河川流域を拠点とする民たちを服属させることができず、また彼らを信用することもできなかったというふうに考えないと、なかなか説明のつかないことだと思います。

観音様は水あるところに

安田　この間、白神《しらかみ》山地をマタギの人たちと歩いてきました。
内田　そうなんですってね。僕も誘われたんですけど、僕はひよわなシティボーイなので（笑）、そういうダイハードなのはダメなんです。
安田　ダムの工事のために、追い出されつつあるマタギの人たちの居住地の川の隅の集落を掘り起こしてみたら、縄文時代の墓地が出てきたそうです。
なぜ川の隅に集落ができたかというと、川がいろいろなものを運んできてくれるからだと言うんです。木などは切り出さなくても川に漂着するから、それで家は建てられる。
内田　中沢新一《なかざわしんいち》さんによると、川の淀みとか崖《がけ》の窪《くぼ》みとかには必ず墓地や祈りの場ができるそうですね。窪みにはしばしば十一面観音があるって聞きましたけど。

安田　そうです。観音様は必ず水の近くなんです。僕の実家の銚子《ちょうし》（千葉県）の観音様も海から上がったといわれていますし、東京に千住《せんじゅ》というところがありますが、千住という地名はもともとは「千手」で、千手観音が網にかかって引き上げられたからだといわれています。

内田　そう言えば、千住も川べりですね。

安田　ええ。千住を通って、そのまま北に行くと日光《にっこう》になります。日光はもともと「二荒《ふたら》」と呼ばれていました。「ふたら」に「二荒」という漢字が当てられて「にこう」と読まれて、日光になりましたが、もともと「ふたら」は補陀楽《ふだらく》であり、ポタラですから、観音。チベットのポタラ宮というのは観音の聖地という意味です。

内田　日光というのは東照宮《とうしょうぐう》ができる前からの聖地だったんですね。

安田　そうです。

見えないものが見えた那須与一《なすのよいち》

安田　二荒といえば、源平の「屋島《やしま》の戦い」で扇《おうぎ》を前にした那須与一が祈りますでしょう。「南無八幡大菩薩《なむはちまんだいぼさつ》、わが国の神明《しんめい》、日光権現《ごんげん》、宇都宮《うつのみや》、那須温泉大明神《なすのゆぜんだいみょうじん》、願はくはあの扇の真ん中射させてたばせ給《たま》へ。これを射損ずるものならば、弓切り折り自害して、人に二度《ふたたび》面《おもて》を向かふべからず。今一度本国へむかへんと思し召さば、この矢外《はず》させ給ふな」と、南無八幡大菩薩、那須の湯泉大明神、それと日光（二荒）と宇都宮に祈る。宇都宮も実は二荒です。これは観音の聖地であるとともに、神様、オオナムチ、大国主《おおくにぬし》でもある。この話、怪しいでしょう。

内田　怪しいですね〜。大国主命《おおくにぬしのみこと》は出雲《いずも》から流れ、ついには宇都宮まで来ているんですか。

安田　そうです。出雲から東北にまで流れ来たのですね。

内田　実際に古代には、それに類する民族大移動があったということなんでしょうか。

安田　たぶんそうですね。ここは殺生石《せっしょうせき》伝説の地でもある。

内田　殺生石は那須ですね。もしかすると、それは「禁域」という象徴的な意味でもあったんじゃないですか。あそこには得体の知れない異族がいるから近づかないほうがいいぞ、という警告として。那須与一がその出身だったとすると、彼は出雲族の末裔《まつえい》だということになりますね。

安田　そうでしょうね。那須与一の像がある那須の温泉《ゆぜん》神社の額の字は、出雲大社の宮司さんによる揮毫《きごう》ですしね。

扇の的を射落とす場面のイメージですが、軍船に掲げられた扇を夕日が照らしているような、そんな気がしますが、しかしあの場面は『平家物語』では「今日は日暮れぬ」となっています。すでに日も暮れているんですよ。実際にその時刻に行ってみると、もちろん夕日はあるのですけれども、かなり薄暗い。那須与一は、見えるものを見る目ではなく、見えないものを見る目を持った人だったのではないでしょうか。そう考えると、ポタラとの繋《つな》がりが見えてきませんか？

海民と山民の戦い

内田　これは僕のデタラメ仮説なんですけれど、源平の戦いというのは、海民と山民の間のヘゲモニー闘争ではないかと僕は考えているんです。古代の日本には「海部《あまべ》」という操船技術に長《た》けた職能民集団と、「飼部《うまかいべ》」という野生獣の制御技術に長けた職能民集団がいた。海部は風と水のエネルギーを御《ぎょ》する技術、飼部は野生獣のエネルギーを御する技術、いずれも自然の持つ巨大なエネルギーを制御して、人間にとって有用なものに変換する技術を固有のものとして伝えており、それぞれその異能を以て天皇に仕えていた。

その末裔が平氏と源氏だというのが僕の暴走的思弁なんです。たしかに、平氏は海民の間に勢力を伸ばし、伊勢《いせ》の海上運送で基盤を作りました。平氏の知行地《ちぎょうち》は山陽も南海もほぼすべて海沿いですし、清盛《きよもり》は今の神戸港にあたる大輪田泊《おおわだのとまり》の改修を行なって、日宋貿易の拠点を構築しました。それに、日宋貿易は清盛の父、忠盛《ただもり》の代から進められてきたいわば「家業」です。福原《ふくはら》遷都は清盛の一大事業でしたが、宮中にはほとんど理解者がいなかった。『方丈記《ほうじょうき》』に遷都をめぐる大騒ぎについての記述がありますけれど、「ふるさとは既にあれて、新都はいまだならず」という慨嘆から知られるように、どうして遷都するのか、世の人々にはその意味がまったく分かっていなかった。これは清盛の構想した「海洋国家」建設プロジェクトの第一歩でした。清盛はここを拠点として、東シナ海、南シナ海にまで広がる巨大な海上帝国の建設を夢見たのです。でも、海民固有のこの勇壮な夢は同時代に理解者を得ることがありませんでした。それはその数世紀後にやはり海上帝国建設を夢見た豊臣秀吉の場合も、そのさらに数世紀後に同じ大輪田泊に海軍操練所を建設した勝海舟の場合も、あまりにスケールの大きな海民的アイディアは人の容れるところとならないみたいです。

清盛のこの海上帝国構想に正面から対抗したのが、源氏です。源氏は坂東武者《ばんどうむしゃ》、騎馬民族です。『平家物語』には、義経《よしつね》が鵯越《ひよどりごえ》を騎馬で下る話や、木曾義仲《きそよしなか》が倶利伽羅《くりから》峠で角《つの》に松明《たいまつ》をつけた牛の大群を平家の陣に放つ話や、宇治川の先陣争いの話など、源氏の武者たちが野生獣を操作する技術において卓越していたことを語るエピソードがいくつもあります。

風と水のエネルギーを制御する部族と、野生獣のエネルギーを制御する部族が、どちらがより巨大なエネルギーを駆使しうるか、どちらが政治の実権を握るか、どちらが国の未来のかたちを決定するか、それを命がけで争ったのが源平合戦だったというのが僕の妄想的仮説なんです。どちらにしても、源平いずれも都の殿上人《てんじょうびと》からは彼らの理解を絶した野生の人、異族の類《たぐい》と見えたはずですけど。

安田　確かにそうですね。

内田　自然のエネルギー制御技術という特異な職能を持ったこの異族の人々が殿中に登場したとき、最初のうちは、貴族たちは彼らを功利的に利用できると思った。だから、貴族たちは自分たちのポスト争いの中にこの武士たちを呼び入れて、派閥に沿って系列化しようとした。でも、保元《ほうげん》・平治《へいじ》の乱を通じて、利用しようとした当の異族たちの実力に圧倒されて、逆に貴族たちがこの異形異類の人々によって支配されてしまう。

中国でしたら、匈奴《きょうど》とかモンゴル族とか女真族《じょしん》とか、「化外《けがい》の民」が国境を侵して乱入し、「中原《ちゅうげん》に鹿を逐《お》う」ということになるわけですが、源平合戦も都の貴族と西海と坂東という僻地《へきち》から雪崩《なだ》れ込んできた野生の人々の間で、どちらが列島の支配者であるべきかを争ったヘゲモニー闘争のドラマである点では中国の場合とそれほど変わるわけではないと僕は思います。

いっときは野生の人たちが勝利を収めて、政治的支配者になるんだけれど、彼らもまたいつのまにか都市と貴族の文化に籠絡《ろうらく》されて「唐様《からよう》で書く三代目」になってしまう。

それでも、最初に平安貴族たちの前に、船を巧みに操り、馬に跨《またが》って騎射する武者たちが登場したときの迫力というのは僕たちの想像を絶するものだったと思うんです。

先ほども言ったように、京都は人工的な都市で、自然物が組織的に排除されていた。だから、都人は自然に弱いんですよね。圧倒的な自然を前にすると腰砕けになってしまう。

平安時代、交通手段は牛車だったわけですけれど、この牛車を御する牛飼いたちは童《わらわ》名《な》、童形《どうぎょう》でした。牛だけでなく、猿回しも、鵜飼《うか》いも、この時代において、野生の動物を操る技術を持つ者たちはどれも童形でした。これは彼らが人間の世界と自然の間のインターフェイスに立つ、ある種のトリックスターと見なされていたことの徴《しるし》であると網野善《あみのよし》彦《ひこ》さんが書いていました。日本では伝統的に子どもというのは、半ば自然界に属し、半ば人間世界に属する「聖なる存在」とみなされていました。ですから、童形の人たちは、そういう恰好《かっこう》をすることで、実年齢は中高年であっても、「聖なる存在」として特別待遇を受けていたわけです。都大路で牛飼いたちが乱闘事件を起こすというようなことが当時は頻発していたようですけれど、それは彼らが「秩序にまつろわぬ民」として享受していた一種の特権であったそうです。

操船技術は野生獣の統御技術に比べるとはるかにソフィスティケートされた職能ですから、海部系の平氏がまず貴族政治に入り込み、野生獣の操作者である飼部系の源氏が遅れて登場したという順番は分からないでもありません。そして、貴族たちは最初に木曽義仲が五万騎を引き連れて京都に入ってきたときに驚愕《きょうがく》した。自然の呪力というオーラを発する異族たちが万単位で登場したわけですからね。そのときの騎馬武者が都大路を闊歩するときの迫力というのは今の僕らではなかなか想像できないものだったと思います。

その頃の軍勢は「騎」が基礎単位ですよね。歩兵というのは事実上カウントされない。「騎」というのは「人馬」でワンセットです。人馬が一体化したものが軍事行動の基本単位になる。都人からはそれは「人間と馬が一つになった」キマイラ的怪物に見えていたんじゃないでしょうか。

安田　ケンタウロスのようですね。

内田　そうです。だから、那須与一の話に戻りますけれど、地面に立って射るよりも、馬に乗って走りながら矢を射る「騎射」のほうが飛距離も遠く、的中率も高かったと思うんです。馬に乗って射ると、人間単体では引けないような強弓《こわゆみ》が引け、人間では届かないような遠距離の目標に、高い精度で弓が引ける。

安田　だから左手を弓手《ゆんで》と言い、右手は馬手《めて》と言う。弓の手と馬の手。

内田　ほんとだ。右手で馬を御して、左手で弓を扱うんですね。彼らはたぶん馬の筋力を利用して、人間が自分の腕力で引くよりもはるかに巨大な力を発動させて強弓を射る技術を持っていたんだと思います。木曾義仲の側近だった巴御前《ともえごぜん》は最後に粟田《あわた》の戦いでは、馬に乗って走りながら敵将の首を抱え込んでへし折ったという逸話がありますけれど、これはいくらなんでも女性の腕力でできることじゃない。たぶん彼女は自分の身体を良導体《りょうどうたい》にして、馬の筋力を自分の四肢を通じて爆発的に発動するという高度な騎乗技術を体得していたんだと思うんです。

那須与一もたぶんそうだと思う。扇を射るために、わざわざ馬に乗って海の中に入っていったのは、馬の筋肉を発動させせないと矢が届かないほど的が遠かったからだと思います。

安田　なるほど！　おそらく目もそうですね。平家の物語はわりと夜の物語が多いんです。殿上の闇討ちからしても、真っ暗闇の話でしょう。まさに都の人が見られないものを見る人たち。私は、目というより、耳ではなかったかと思っています。那須与一も扇がぱたぱたしているのが聞こえて撃てたのではないか。見て撃っているのではないような気がします。

人馬一体

内田　うん、そういうことってあると思います「人馬一体」というと、人間が馬の走力や運搬能力だけを取り出して利用しているような印象を受けますけれど、僕はそれだけじゃなかったと思う。馬が見えているものを人間も見るし、馬が聴き取った音を人間も聴き取り、馬が嗅《か》いだ匂いを人間も嗅ぐというような感官の共有があったんじゃないかな。

安田　韓非子《かんぴし》の老馬のたとえを思い出します。もし道に迷ったら、自分は何もせずに、老いた馬に従えと言っています。馬のほうが知っているから、馬に従えという考え方です。これは能『遊行柳《ゆぎょうやなぎ》』の中にも出てきますし、それがベースになっている芭蕉の『おくのほそ道』でも馬が道を教えてくれるのですが、ともに那須の話ですね。

内田　おお、これは。いろいろなものが那須で繋がりますね！　そうですよね。坂東武者たちの馬との親密性って、すごく深いものだったんじゃないですか。『鉢木《はちのき》』の佐野源左衛門尉常世《さののげんざえもんのじょうつねよ》も、家には食べ物も薪《まき》もないほど貧乏なのに、痩《や》せ馬一頭だけは飼っていて、一つ屋根の下で暮らしているじゃないですか。常世は「あれに馬をも一匹つないで持ちて候」と言ってますから、家の外に馬小屋があるんじゃなくて、馬は土間のところにいて人間と一緒に暮らしている。そして、自分たちは粟《あわ》しか食べ物がないんですけど、きっと馬にはちゃんとまぐさを食べさせているんでしょう。家族のような親密さで人間と馬は結ばれていた。だから、馬の気持ちが分かるし、馬の感覚を自分の感覚に同期させることができるし、馬の力を自分の四肢から発動することができる。そういう能力のことを「御」と言ったんじゃないですか。

安田　中国で士以上の者が修《おさ》めるべき六つの教科、六芸《りくげい》の一つですね。ほかは、礼、楽、射、御、書、数があります。

内田　六芸のうちの二つ、射と御が騎射に関わる技能であるというのは、注目すべきですよね。異類とのコミュニケーション能力もまた君子の修むべき技能だったということですから。

礼は鬼神に仕える作法のことで、これもまた「人間ならざるものとのコミュニケーション技術」です。御と射は野生獣のエネルギーの制御技術。そうなってくると、書と数も、孔子《こうし》の時代には、結構怪しい技芸だった可能性がありますね。

安田　怪しいですね。

内田　数学者の森田真生《もりたまさお》君の話を聞いてると、数学が一種のコスモロジーだということはよく分かりますけれど、「書」も実はけっこう怖い。
ユダヤ神秘主義には「写字《しゃじ》」を通じてトランスするという技法があるんです。中世スペインのカバリストにアブラハム・アブラフィアという人がいて、この人の説によると、斎《さい》戒沐浴《かいもくよく》して深夜ひとりヘブライ語の聖なる文字を儀礼に則《のっと》って書いていると超越的ヴィジョンが到来して、体内に神のエネルギーが流入するらしい。その技法についての本を遺《のこ》しているんですけど、すべての文字は一つ一つが身体部位に関連しているので、綴《つづ》り字を間違えたりすると、肢体に損傷を生じて、廃疾者《はいしつしゃ》となる場合もあるとか……。これ、かなり怪しいでしょ。

安田 怪しいですね。うちには写経部屋があって、そこでは仏典だけなく、数秘術を意識してヘブライ語でトーラーの写経などもするのですが、まだ超越的ヴィジョンの到来は体験したことはありません（笑）。孔子は「芸に遊ぶ」と言っていますが、「遊ぶ」とはもともとは「斿」が本字で、漂泊の旅という意味ですし、しんにょうがつく「遊」よりも、さんずいの「游」のほうが古い字体で、これは女神が出遊して水渡りをするのが原義で、そこから人も神のように行動することをもいうようになったといわれています。ですから「芸に遊ぶ」というのは、ただ遊ぶのではなく、六芸による神聖儀礼的な行為をいうと思われます。

草薙剣《くさなぎのつるぎ》

安田　そうそう。さきほどの源氏と平家の話に戻りますが、ここにお邪魔するときに、平敦盛《たいらのあつもり》が討たれたという一ノ谷《いちのたに》に行ってみました。そうしたら水上バイクがやって来て、ちょうど敦盛が源氏の武将である熊谷直実《くまがいなおざね》に呼び戻されたあたりで止まったんです。能や平家を読んでいるときには、そんなにも思わなかったのですが、敦盛がいたところは海上でしょ。陸からはかなり遠くに感じます。そのときに「あれ、この物語、変だ」と思ったんです。平家の武将を討ちたいと思っているのは源氏の熊谷なわけですから、自分で海の中に馬を駆って行くべきですよね。ところが熊谷はそれをせずに敦盛を呼び戻した。まあ、呼び戻されて戻る敦盛も敦盛ですが（笑）、でも、これって、海の民である平家は、馬をも泳がす術を心得ていたけれども、源氏の武将たちは馬を海で泳がす方法を知らなかった。だから追って行けなかったんじゃないかと思ったんです。

それに対して、さきほどおっしゃった鵯越でしょ。ここも歩いてみたんです。本当はダメなんでしょうけど崖のようなところも駆け降りてみました。ここを走って思い出したのは、僕の能の先生である鏑木岑男《かぶらきみねお》師が宮司を勤められていた東京港区の愛宕《あたご》神社。あそこの石段は急で有名なのですが、江戸時代にそこを馬で上り下りしたという曲垣平九郎《まがきへいくろう》の伝説があります。あるときに、その伝説が本当かどうかを実験してみようというテレビ局の企画があって、それに立ち会ったんです。大変なのは、むろん人間よりも馬で、恐怖を感じさせてはいけない。だから、最初は模擬の階段を作って一段、二段から稽古をしていくんです。で、だんだん階段を高くしていく。これを時間をかけてやっていくと本当にできるんですね。源氏の人たちが鵯越ができたのは、ふだんから野生獣である馬を駆って山を疾駆していたからなんじゃないかと思ったのです。

この海の民、馬の民というアイディアは源平合戦のラストシーンを考える上でも、とても大切だと思うのです。

三種の神器のうち、結局、剣、つまり草薙剣が壇ノ浦《だんのうら》の合戦で失われてしまいます。草薙剣の元の持ち主は、ヤマタノオロチで、スサノオノミコトに倒され剣を奪《うば》われてしまいますよね。『源平盛衰記《げんぺいせいすいき》』によるとヤマタノオロチというのは龍神の三男坊のいたずらっ子で、地上で悪ふざけをしているうちにスサノオに草薙剣を取られてしまったというんですね。そして、源平の合戦というのは、スサノオに奪われた草薙剣を龍宮《りゅうぐう》に取り戻すために、ヤマタノオロチが安徳《あんとく》天皇になって起こしたというんです。

『源平盛衰記』は、源義経の命令で龍宮に草薙剣を探しに行った海女《あま》に龍神はそのことを語り、そして「見よ」と御簾《みす》を巻き揚げると、そこには雛壇《ひなだん》があり、平清盛をはじめ平家の一門が並んでいたという感動的なシーンで終わります。

荒唐無稽《こうとうむけい》の話のようにも聞こえますが、源平の合戦で那須与一や源氏は、出雲系の神々の末裔であることを考えると、これも面白いでしょ。

内田　坂東武者はそっち系ですからねえ。

安田　海人であった平家がいたときは、まだ剣はOKなんですが、これがスサノオノミコト系の源氏になったとき、剣は返さないというのが龍神の考え方です。

内田　平氏は海民系だから、龍神とは相性がいい。でも、源氏はダメ。ヤマタノオロチというのは出雲地方にいた、製鉄をする職能民だったという説もありますけど。

安田　そういう話もありますね。『古事記』にはヤマタノオロチの姿として「その目は赤《あか》加賀智《かがち》（ほおずき）の如くして……其の腹を見れば、悉《ことごと》く常に血爛《ただ》れたり」とあります。目もお腹《なか》も赤い。この赤さというのは製鉄のための火ではないかという説もあります。

内田　ということは、出雲から来たスサノオ系部族が、製鉄技術を持っていた職能民集団を攻め滅ぼして、その技術を奪った、と。

安田　そうですね。その出雲も結局、大和朝廷に征服されるわけですが、ヤマタノオロチというのは、それ以前にいた人たちではないかと……。

内田　出雲族以前の土着民ですね。

「よみ」と「黄泉」

内田　黄泉《よみ》の国の入り口である黄泉比良坂《よもつひらさか》というのが出雲にあるんですね。どんな坂なんですか。

安田　冥界への入り口ということになっていて、今もちゃんと「黄泉比良坂」という看板が立っていたりします（笑）。「黄泉」というと地下深くにあるイメージがありますが、「ひらさか」ですから「平らな境界」という意味ですし、行ってみても地下にはありません。僕はこの「よみ」に「黄泉」という漢字を当てたのは太安万侶《おおのやすまろ》が恣意的《しい》にやったんじゃないかと思っています。

内田　どうしてなんです？

安田　『古事記』は、土着の原・日本人である稗田阿礼《ひえだのあれ》が誦習《しょうしゅう》するのを、外来の帰化人である太安万侶が文字化したといわれます。稗田阿礼の頭にあった冥界はホリゾンタル（水平方向）な地平にあり、それを口述で「よみ」と語った。それに太安万侶が「黄泉」という漢字を当てた。その途端に冥界がヴァーティカルなものになってしまったんです。というのは、この「黄泉」という字は五経《ごきょう》の一つ、『春秋《しゅんじゅう》』の伝の一つである『春秋左氏伝《しゅんじゅうさしでん》』に出てきて、地下にある泉という意味だからです。「よみ」に「黄泉」という漢字を当てたことによって、死後の世界は地下にあるというイメージが出来上がってしまいました。しかも、漢字は表意文字なので、冥界＝地下のイメージがダイレクトに飛び込んでくる。これは太安万侶が手違いでやったとか、無知ゆえとかではなく、かなり恣意的に「よみ」に「黄泉」という漢字を当てることによって、死後の世界は地下にあるというイメージを与えたかったんじゃないかと思うのです。

内田　なるほど。

安田　それに「死」という漢字の使い方も変です。僕たちは「しぬ」という語を聞いたときに自然に「死ぬ」という表記が頭に浮かびます。でも、これってよく考えると変ですよね。「死」というのは音《おん》、中国から入ってきた音です。それを動詞にするならばサ変動詞をつけて「死す」になるはずです。「愛す」や「感ず」も同じですね。「死」の動詞形は「死ぬ」にはなりません。となると「しぬ」というのは「死」とはイコールではない状態なのです。折口信夫《おりくちしのぶ》はこれは「萎（し）ぬ」ではないかといっています。植物がしなしになるような状態です。これに水を与えると「いきいき」となる。「いく（生く）」です。土着の日本人にとっては、魂が身体を一時的に遊離した状態が「しぬ」であり、そんな状態はあるけれども、永続的な「死」というものはなかった。稗田阿礼は口述のときには、ただ「しぬ」といった。頭の中にあったのは一時的な魂の遊離、「萎ぬ」です。しかし太安万侶はそれに「死ぬ」という漢字を当てた、これも彼の意図的な文字使いだと思うのです。

死がないわけですから、古代の日本人には死への恐怖ということもなかったんじゃなかったかと思うんです。『古事記』の登場人物や神々の多くは、死を恐れていませんし。そんな原・日本人に「死」と、その恐怖を教えようとした漢字遣いではないかと思うのです。さきほどの「黄泉」と一緒に。

内田　それは面白い仮説ですねえ。

太安万侶は『古事記』に何を仕掛けたのか

安田　じゃあ、なぜそんな必要があったのかということを考えるときに、もう一つ気になるのが「故」の使い方です。これは本居宣長《もとおりのりなが》も指摘していますが、『古事記』の中の「故（かれ）」が今から見るとだいぶ変なのです。漢字の「故」は「だから」という意味が基本ですが、『古事記』の中では「そして」とか「さて」という意味で使われていることが非常に多いのです。これは、原・日本人にとっては「そして」も「さて」も「だから」も区別がなく、すべて「かれ」と言っていたということを示すんじゃないかと思うのです。これは『新約聖書（ギリシャ語版）』マルコ伝の「kai」の用法にも似ています。それに「故」という漢字を当てることによって、AをすればBになるという因果論を日本人に教えようとしたんじゃないかなと思うのです。

で、地下冥界である「黄泉（地獄）」「死」、そして「因果論」とくれば、これはもう仏教です。仏教は『古事記』編纂《へんさん》よりもずっと前に日本に入っていました。ところがなかなか広まらない。そりゃあそうです。死や因果のアイディアが血肉化されていなければ仏教の教えは腑《ふ》に落ちない。しかし、日本はこれから仏教を中心に国家を作っていこうとしている。そんなときに帰化人である太安万侶に「何とかして」とお願いしたのを、太安万侶は日本古来の神話と漢字を結び付けつつ仏教的な死生観をいつの間にか浸透させてしまおうという驚くべきアイディアを思いつき、それを実践した。そう思うのです。

でも、突然仏教的世界観ではナンなので、それより前に入ってきていた中国的世界観も一緒に入れてしまう。「黄泉」もそうですし、『古事記』の冒頭部分の天地初発と三神のアイディアなんかもそうです。さらに巧妙なのは、もう日本に根付いている「桃」という植物を使ったりもします。アイディアではなく、実物、しかも食物を使います。桃はもともとは黄河の上流が原産らしく、でも日本に入って来たのはかなり早かったのではないかといわれています。日本に根付いた中国です。桃によって中国と日本を胃で結び付けてしまいます。イザナギが黄泉の国から逃げてくるときに、最後に彼を助けるのは桃です。

内田　なぜ桃なんですか、桃には何か神話学的な意味があるんですか？

安田　中国で桃というのは、『詩経《しきょう》』で、「桃の夭夭《ようよう》たる」という句があるように、若さというか、新たなものを生み出す、生命の象徴です。この黄泉の国の話は結局、人の死と人の生の両方の話になりますから、その影響があったのではないでしょうか。

内田　じゃあ、吉備《きび》の桃太郎伝説における桃もやっぱり生命力の象徴なんですね。鬼が死者の世界で、桃太郎が生者の世界で、その間に命がけの確執がある、と。出雲から吉備のあたりのラインってかなり怪しいですね。

出雲の鬼ライン

安田　漂泊の民の歩いた道には、山伏《やまぶし》が歩いた日本海側の山伏ラインと、遊女が歌を伝えた太平洋側の遊女ラインがありますね。『とはずがたり』の作者、後深草院二条《ごふかくさいんのにじょう》が出家して歩いた道などは遊女ラインに沿っています。また、山伏たちが歩くのは、山を中心とした、日本海を中心とした地域。一方、神奈川県の足柄《あしがら》から美濃国《みののくに》、今の岐阜県に至る海のラインというのは、遊女たちの歩行ラインなんです。『平家物語』では、都までやってきた遊女たちに、後白河院《ごしらかわいん》が歌を習ったりしますね。山伏の出雲ラインは、鬼のラインと言っていいでしょうね。

内田　鬼というのは、やはり修験道《しゅげんどう》に関わりがあるんでしょうか。

安田　修験道であり、鬼の道でもあると、能の『大江山《おおえやま》』や『花月《かげつ》』の謡の中に出てきます。

内田　そうですね。『花月』の謡では、天狗《てんぐ》にさらわれた子どもが、筑紫《つくし》の彦山《ひこさん》から始まって、白峰《しろみね》神社、大山、「京近き山々」まで、天狗と共に巡歴した地名を列挙しますけれど、あれが「山伏ライン」なんでしょうね。

源頼光が勅命で大江山の酒呑童子《しゅてんどうじ》を退治しに行くときに連れて行った頼光四天王の一人が坂田金時《さかたのきんとき》、これが足柄山の金太郎なんですよね。そして、金太郎の母は箱根の山姥。ここにも足柄が出てきます。

安田　遊女ラインの足柄の出ですね。しかも、もう一人、渡辺綱《わたなべのつな》がいますから。渡辺というのは、先ほど話に出た、川の利権を握る一族の渡辺です。

内田　渡辺綱は一条戻り橋で鬼の手を切り落とした人ですね。

安田　そうです。『羅生門《らしょうもん》』にも出てきます。頼光の四天王というと、渡辺綱、坂田金時、卜部季武《うらべのすえたけ》、碓井貞光《うすいさだみつ》。みな怪しい姓です。そして藤原保昌《ふじわらのやすまさ》も酒呑童子退治には参加します。

内田　渡辺さんって日本にとても多い苗字ですけど、先祖をたどると、そういう霊的なミッションを託された一族の出なわけですね。河原とか川辺というのは人間界と異界の境界ですからね。そういうエリアの出身者が鬼退治を担当するというのは、当然かもしれませんね。

安田　そうですね。必ずそこでは芸能が行なわれました。

内田　河原というのは「ノー・マンズ・ランド」、無住の地、権力も秩序も及ばない空間ですからね。そこで芸能も行なわれるし、処刑場にもなるし、ゴミも捨てるし、墓地にもなる。

安田　芸能はだいたい死者に対する鎮魂ですから。

能の始祖の漂う物語

安田　能の『鵺』の話に戻りますが、実は金春禅竹《こんぱるぜんちく》が書いた『明宿集《めいしゅくしゅう》』に、『鵺』によく似た話があるのですが、これが不思議なんです。

世阿弥《ぜあみ》が能の始祖とする人物に秦河勝《はたのかわかつ》（「こうかつ」とも）という人がいますが、その秦河勝がうつほ舟に乗って、しかも赤ちゃんとして、登場するところから始まります。

内田　へえ、モーゼみたいですね。

安田　はい。漂着したうつほ舟を、周囲の人が覗《のぞ》きにくる。するとその一人に赤ちゃんの河勝が乗り移り、自分の素性《すじよう》を話し出す。そして、舞をつくるから朝廷に連れて行けと言うのです。彼を朝廷に連れて行ったところ、彼は舞をつくる。それが『翁《おきな》』であり、翁を舞うと、その国は五穀豊穣《ごこくほうじよう》になった。

ところが秦河勝はまたうつほ舟に乗って、どこかに行ってしまう。そのうつほ舟が坂越の浜にたどり着くんです。まさに高砂《たかさご》のほうですね。村人がそのうつほ舟を引き上げるが、秦河勝はそこで悪い神、悪神、荒神となって、その村をめちゃくちゃにしてしまう。そこで村人が彼を荒神として祀《まつ》ったら、今度は善神となったという話です。坂越は「しゃくし」と読まれ、宿神《しゆくじん》とも関係があるようです。この話、『鵺』とよく似ていますでしょう。能と、流れさまようもの、留まるものの関係というのは、何かあると思うのです。

内田　何かありますね。能には流れ漂うものがよく出てきますよね。これが何ものであるのか、一意的に定まらない。いろいろトラブルを起こすだけで。

安田　そうそう、しかも解決しない。

内田　『船弁慶《ふなべんけい》』とか『清経《きよつね》』とか『屋島《やしま》』とか、能にはほんとうに海の上の話が多いですね。『頼政《よりまさ》』は宇治川の戦いですから川の中だし、『橋弁慶』は橋の上。地上戦で印象深いのは『巴《ともえ》』くらいでしょうか。『巴』の戦闘シーンは雪の残る深田で長刀《なぎなた》を振り回して、あたり一面に鮮血が散るという絵柄で。この「雪の上に鮮血」という図像は日本のある種の伝統的な美的形象だと思う。『修羅雪姫《しゅらゆきひめ》』の梶芽衣子《かじめいこ》も『キル・ビル』のユマ・サーマンも、図像学的には巴御前のアヴァターなんじゃないかしら。騎乗での戦いの場合は、落馬して死ぬという設定も能には多いですよね。『實盛《さねもり》』も『敦盛《あつもり》』も『忠度《ただのり》』も「馬の上からどうと落ち」て、首が落とされたり、引きちぎられたりして、砂浜が鮮血に染まる。人馬ともに倒れるか、あるいは水中に沈むか、源平合戦における「死に方」の定型ですけど、これは源平それぞれの職能民が「本地」に帰るということを象徴しているんじゃないかな。

安田　なるほど。そうかもしれないですね。

内田　自分たちがそこからエネルギーを引き出してきた起源に戻って死ぬ。

安田　どこで死ぬかというのは、大きい。

内田　騎馬武者にとっては、落馬するというのは、海民が船から落ちて溺《おぼ》れるのと同じくらいに致命的な無力感をもたらす経験だったんじゃないかな。

安田　兼平《かねひら》の死に方も馬です。刀を口に咥《くわ》え、このまま馬から飛び降りて、喉《のど》を突いて自殺するんです。自害の手本を見よといって死ぬ。

内田　死ぬときは、必ず横に馬か水気のものがある。源平の「死のコスモロジー」って、きっとそれですね。

自我の拡大

安田　このごろシーカヤックが大好きなんです。どこへ行ってもやりたくなる。あれは泳いでいるより自由な感じがします。僕は海の近くで生まれ育ったので、小さい頃は本当に夜中でも海で泳いでいましたが、この年になって海で泳ぐことよりも、シーカヤックで海を渡っている気持ちよさがすばらしい。

内田　戸塚《とつか》ヨットスクールってありましたね。ずいぶんひどい教育方針でしたけれど、「船を操作させる」ことで生命力が賦活《ふかつ》することがあるというのは、たぶん経験的には根拠のあることだったと思うんです。生命力の衰《おとろ》えている子どもを船に乗せると、それまで使っていなかった身体資源が活性化する。そういうことって、あったんじゃないかな。

安田　馬のセラピーもありますね。

内田　ありますね。馬と親しむことで癒《いや》されるという話はハリウッド映画でも多いパターンですよ。最近見かけないけど、暴走族にとってのバイクもそうじゃないかと思うんです。僕もバイク乗りなので分かりますけれど、あれは「馬」ですよ。

安田　鉄馬と書きますからね。

内田　バイクに乗るというのは、自我の拡大感覚と異類とのコミュニケーションですから。愛機はたしかに愛馬なんです。ぴかぴかに磨いて、名前をつけたりする人もいますからね。だから、最近の若い人がバイクにも車にも乗らなくなったのはちょっと問題じゃないかなと思っているんです。あれはけっこう生命力を強めてくれる装置だから。ライダーって、あまり自我が強いとダメなんです。内燃機関のエネルギーをタイヤに伝えるために「お邪魔をしない」良導体であることが要求される。そういう点では馬に乗るとか、船を操るとか、刀を扱うのと本質的には変わらない。そういう巨大なエネルギーを伝えてくれる異物と一体化する技術が失われている。悪いけど、パソコンとかスマホとかゲーム機じゃバイクの代わりになりませんよ。ああいうメカニズムもある種の全能感をもたらしますけれど、見ていると、ユーザーの生物としての生きる力は、ヘビーユーザーになればなるほどどんどん衰微してゆく。人馬一体のごとく馬に乗る人とか、手足のように帆船を操る人はそれによって生物として強められますけれど、「自由自在にゲーム機を操る能力」とか「キーボードを叩く速さ」なんていくら育成しても、生物としての生きる力には繋がらない。異界からエネルギーを受け入れる媒介は馬でも水でも自然物じゃないと。
安田　舟の発明は人類史に大きな革命をもたらしたようで、能の中でも謡われますが、ひょっとしたら舟の前は亀だったのではないですか。
内田　亀ですか（笑）。
安田　これは日本だけじゃなくてね、中国の『楚辞図《そじず》』の「河伯《かはく》」の絵に大亀に乗っている人が描かれているんです。浦島太郎じゃないですけれども。馬に乗る民族と、亀に乗る民族、かわいいでしょ。
内田　亀に乗る職能民、いたかもしれないですね。鮫《さめ》に乗る職能民とか。あ、因幡《いなば》の白《しろ》兎《うさぎ》って、「鮫に乗る職能民」のおちこぼれが鮫の背中から落ちて食われてしまったという話じゃないかな。ほんとにそういう技術があったのかも。だって、『ジャッカス・ザ・ムービー』といううきわめつけのバカ映画で、プロの命知らずのスタントたちがすごいことを次々にやるんですけど、クリス・ポンティアスっていうスタントマンなんか動物園の鰐《わに》の背中をぴょんぴょんと跳んでゆくんですよ。
安田　おお、まさに因幡の白兎ですね。今だってイルカと一緒に泳いだりとか、イルカに触ったりもします。
内田　ラクダやダチョウに乗る人だっていますしね。

安田　タイではゾウに乗っていますし。

内田　人間と自然の間に媒介するものがいて、そこから自然のエネルギーを取り込む技術は世界中にあるんですよね。その媒介物に何を選ぶかに種族の特性が反映するんでしょう。

漂泊する芸能民

安田　世阿弥と建築との関わりについて示唆を得たのは、渡辺豊和《わたなべとよかず》さんの『芸能としての建築』（晶文社）からです。そこでは建築技術者はある種の芸能民だったと書かれています。たとえば左甚五郎《ひだりじんごろう》伝説がこれほど日本各地に残っているのは、左甚五郎個人ではない、漂泊の「一座」がいたと考えれば平仄《ひょうそく》が合う。なぜ建築技術者が漂泊しなければならないかというと、彼らの知識が軍事機密と関わっているからです。たとえば地方領主が城を築いたとすると、建設に携《たずさ》わった技術者たちが把握している城の構造は、攻城戦において致命的な情報となる。施主からすれば、万一寝返ったら危険極まりない集団なんです。その場に長く留まれば殺されるというので、彼らは漂泊せざるを得ません。能舞台の設計も、こうした漂泊の芸能民である建築集団で考案されたのではないかと考えています。

内田　それは世界中どこでも同じですね。建築家というのは本質的に漂泊の職能民なんですよ。ヨーロッパには「フリーメーソン」という組織がありますよね。まさに「自由な石工たち」の結社です。彼らは建築技術者ですから城砦《じようさい》を造ります。軍事的な構築物の全容を熟知している。どこに抜け穴があって、どこに武器庫があって、どこに隠し井戸があるか、そういうことを彼らは知っている。でも、こいつらは城の秘密を知っているからという理由で、お城を一つ作るたびに建築技術者を全員殺していたのでは、建築技術はあっという間に消滅してしまう。だから、建築技術者たちは施主に対して守秘義務の厳守を約束する代わりに、ある種の政治的独立を保証された。どの国王や領主も建築技術者を脅したり買収したりして、敵の築城の秘密を漏洩《ろうえい》させることはできなかった。そうやって領域国家から自立した技能者集団がフリーメーソンなわけです。これは中国の墨家《ぼっか》も同じですね。

安田　そうですね。墨家も武装集団でした。

内田　白川静《しらかわしずか》先生によると、墨家もやはり築城と兵器作成のプロだったそうですね。ですから、フリーメーソンと同じように政治的独立を保証されていた。それどころか、交戦団体としての相当な軍事力も備えていた。だから、仲間を不当に殺したとして、小国に攻め込んで滅ぼしたこともあるくらいです。
そういう世界の前例を知れば、「左甚五郎」も一人の天才的な大工だったわけじゃなくて、得意な職能を持った建築家集団の総称だったというのも、ありそうな気がしますね。
安田　秀吉も、その出世の経緯を見ていくと、大きな出世のきっかけは必ず築城とか建築と関係がありますしね。そうそう、大久保石見守《おおくぼいわみのかみ》（大久保長安《ながやす》）や間部詮房《まなべあきふさ》も同類かもしれません。
内田　それ、どういう人たちなんですか？
安田　大久保石見守は武田信玄に見出されて鉱山開発に携わり、武田氏滅亡後は徳川家康に仕えて石見《いわみ》銀山や佐渡《さど》金山の管理を任され、また作事《さくじ》（建築）にも才能を発揮したと言われる戦国から江戸時代初期の武将で、江戸幕府の勘定奉行、老中まで務めました。間部詮房は六代将軍徳川家宣《いえのぶ》の側用人《そばようにん》として権力を揮《ふる》い、次代の家継《いえつぐ》の時代には、実質的な国政の最高責任者まで上り詰めましたが、やはり金の鉱脈を発見したことで知られています。何より興味深いのが、二人とも能楽師の出であること。
内田　へえ、そうなんですか。
安田　はい。漂泊民としての能楽師は、鉱山の知識に詳しいんです。恐らく大久保や間部も、出雲から石見銀山という「金属の道」を知悉《ちしつ》していたのでしょう。出雲神話における八岐大蛇《やまたのおろち》伝説は、金属とそこから作り出される武器をめぐる闘争のメタファだと考えられています。

出雲では古来、山を崩して川に流し、そこから砂鉄を濾《こ》し取って、製鉄の原材料にしてきました。しかしその手法だと川は汚れ、荒れて、下流の農業民は大きな打撃を蒙《こうむ》ります。特に川の氾濫する様子、赤く濁《にご》った濁流が溢れて農地を飲み込んでいく様子を、八岐大蛇に見立てたのではないかと解釈されてきたわけです。製鉄と鉄剣の製造は出雲の一大産業ですが、それは山間部のものであって、里の者たちには災厄となる。そうした山と里の対立の物語とも読めるわけです。

そこへさらに、草薙剣が出てくるんですよね。つまり、最終的に中央の権力に従うしかない。

「負けながら勝つ」者たち

内田 そして山の民たちは追われるわけですね。しかしなぜそこで金属が出てくるんですか？

安田 物部《もののべ》系が掌握していた知識だったからという言い方もされますね。仏教をはじめとする渡来の新しい思想や技術を奉《ほう》じた蘇我《そが》氏と、神事を司《つかさど》った古参の物部氏の対立があり、政争に負けた物部氏は権力の中枢から去ります。この系譜に連なる一族が、いわば漂泊民の祖に擬《なぞら》えられるわけですけれども、人の支配の及ぶ平地を追われ、山中に入らざるを得なかった彼らにとっての重要なリソースが金属だったと。

能で『国栖《くず》』ってありますでしょう。あれは不思議な演目なんです。大友皇子《おおとものみこ》に追われ、都を出た清見原《きよみはら》天皇（大海人皇子《おおあまのみこ》）が吉野の山中（国栖）へ逃げてくると、老夫婦が皇子を匿《かくま》ってくれる。吉凶を占ったり、追っ手を欺《あざむ》いたり、いろいろあるのですが、やがて老夫婦は消え、天女や蔵王《ざおう》権現が現われて、来るべき御代《みよ》を祝福するというものです。この老夫婦のような、吉野の山中に住まう土着の人たちを国栖といいました。国栖というのは国に栖《す》む、すなわち土着の民という意味ですね。今でも吉野のあたりを歩くと、一階建てのように見える民家でも、奥に入ると必ず下階があって、すごく逃げやすそうなんです（笑）。恐らくずっと大和朝廷に対しては抵抗感があって、そこから逃げて来た人たちを匿う手順や仕組みを持っていたのでしょう。そして大嘗祭《だいじょうさい》には服属儀礼としての「国栖舞」がある。

内田　服属儀礼って、どんなものなんですか？

「隼人舞《はやとまい》」も同じですね。『日本書紀』の中に、服属儀礼の話が出てきます。

安田　『古事記』や『日本書紀』に海幸彦《うみさちひこ》と山幸彦《やまさちひこ》のエピソードがあるでしょう。あの話の最後で、海幸彦は潮盈珠《しおみつたま》と潮乾珠《しおふるたま》によって、弟の山幸彦に降伏します。その後、海幸彦は山幸彦に対して、私はあなたたちの前で、これからずっとこの敗北を示す芸能を演じましょうと話すのです。これはとんでもなく残酷な場面ですよね。いじめられっ子が、いじめっ子の前で、いじめの場面を繰り返し演じさせられるようなものですから。能には『土蜘蛛』や『紅葉狩《もみじがり》』など、こうした服属儀礼や被征服民を取り込んだ演目が非常に多いんです。

内田　そうなんですか。もともとはどういうかたちの芸能だったんでしょう。

安田　「国栖舞」が歌と笛による演奏、その途中に翁が立ち舞う段があります。「隼人舞」は隼人特有の赤・白・黒の渦巻き紋様が描かれた剣や楯《たて》を手にした少年たちが太鼓や笛に合わせて舞う、テンポの速い舞で、『日本書紀』によれば海幸彦が海水に溺れ苦しんだ姿を演じるとされています。こうした儀礼を演じ続ける間に、彼ら被征服民たちは、負けながら勝つための方法を考えたと思うのです。『土蜘蛛』にせよ『紅葉狩』にせよ、見終わったときには土蜘蛛がカッコいい、鬼がカッコいい、と思うでしょう。鬼や土蜘蛛は負けるけれども、だからといって「ざまあみろ」とも「かわいそう」ともならない。

これは、そのような服属儀礼をさせられていた芸能民たちの創出したメタファだと思うのです。このメタファにどういう意味があるか考えたとき、たとえば『土蜘蛛』という能なら一時間の能のうち、五五分は被征服民である土蜘蛛（シテ）が勝っていますよね。蜘蛛の糸なんかバンバン投げて格好いいし、派手だし。でも最後の五分を征服者である独武者（ワキ）に譲る。すると、シテが負けたことは確かなのだけれど、観客の気持ちはシテのほう、被征服民に残ります。「やっぱり土蜘蛛のほうがカッコいいなぁ」って。

もう一つは、服属儀礼のときには演者は芝の舞台の上にいて、為政者《いせい》はそれを上から眺めていたわけですが、三間四方の舞台を作ることで、為政者を舞台の下へ追いやり、演者がそれを見下ろすという芸能に変えてしまった。舞台の高さを上げた建築技術もまた、負けていながら実は勝つ、ということのメタファではないかと思うのです。

内田　なるほど、服属儀礼としての舞がいつの間にか主客転倒して、服属させた側を上から見下ろすかたちになった、と。

安田　江戸時代に被差別階層の非人《ひにん》とされた職業の一覧表の中に、「謡、舞を教える者」という項目があるんです。こうした分類に当てはまる人は、一時的に仮屋に住むことは許されても、恒久的に定住することは許されません。だから彼らもある意味で漂泊者であり、また服属民でもありますよね。そうした下層に位置づけられた人間たちが、下にいるからこそ上へ上がるための手段を考えついたのでしょう。能は危機に強い芸能です。

内田　なるほど。ある特殊なバイパスを経由すれば、下から上へのダイナミックな階層移動が可能であるというのが、職能民の力学ですよね。

土着に外来を「上書き」する

内田　前に中沢新一さんと対談したときに出た話なんですけれど、古代の列島住民には独自の生存戦略があったのではないか、と。日本列島全体を巻き込んだ大きな民族移動は過去に三回あったそうです。最初に来て土着した集団と、後からやってきた移住民が遭遇した場合、ふつうは戦いになりますよね。言葉も通じないし、宗教も違うし、生活文化も違うから。でも、日本の場合は勝者が敗者を殲滅《せんめつ》するというかたちをとらなかった。両者を融合させるかたちで「手打ち」に持ち込んだ。たぶん、ベースに土着の文化を残して、その上に外来の文化を「上書き」するというかたちで異文化、異族との共生を果たしたんだと思います。その最初の事例が「成功体験」として列島住民に集合的に記憶された。そして、それ以後日本列島に異文化が到来したときには、どちらかが殲滅されるまで戦うということを避け、「あちらも立て、こちらも立てる」という「手打ち」戦略が採択されるようになった。

ゲルマン民族の大移動の場合は、東からフン族が来たら、西に逃げることができました。ヨーロッパ大陸の西部には未開の森や原野がいくらでも広がっていましたから。でも、日本列島では、そうはゆきません。ユーラシア大陸の東の端ですから、西から押し寄せて来られたら、東にはもう海しかない。逃げ場がない。「逃げる」という選択肢がない以上、「殲滅戦を戦う」か「外来民と折り合うか」の二者択一だった。そして、たまたま最初に選択した「手打ち」戦略がうまくいったので、以後それが基本パターンとなった。

形式的には、外来文化が上位で、土着文化が下位になるのだけれど、自然環境との親しみとか生活文化の合理性という点では土着のほうに一日《いちじつ》の長《ちょう》がある。結果的に土着と外来が癒合《ゆごう》してアマルガムができる。「習合《しゅうごう》」というのが列島住民が選んだ戦略だったわけです。その構えが芸能にも反映しているのではないか、と。そういう話を中沢さんとしたんです。

安田　それは乗っかっていった後、互いに浸潤《しんじゅん》して分けることが不可能になったわけですよね。ところが明治時代、そうやって習合していた神と仏を切り分けようとしたら、ぐちゃぐちゃなことになってしまった。

内田　あれは明治政府の最大の失策だったと思いますね。ヨーロッパのキリスト教文明に対抗するために、日本にも一神教的な宗教体系を作らなければならないという政治的判断に基づいて、政府主導で廃仏毀釈《はいぶつきしやく》を実行した。廃寺された寺院や還俗《げんぞく》させられた僧侶も多数あったわけですけれども、仏教を完全に廃絶するには至らなかった。そのあと、すぐに仏教は復興しました。

明治政府のイデオローグは「神道が土着のもので、仏教が外来物だから、仏教を廃絶すべきだ」と考えたけれど、これは話がまるで逆で、日本固有の宗教性を際立たせたいと本気で思っていたのなら、「神仏習合が土着的で、一神教が外来物だから、一神教的なものを退ける」というふうに推論するのが正しいのです。神仏分離というアイディア自体が「非日本的」だったわけで、だから、廃仏毀釈は日本人には受け入れられなかった。浄土真宗や日蓮宗や禅宗のような日本的風土に着床した仏教は、これくらいの政治的弾圧ではさしたるダメージは受けてないいんじゃないですか。

森羅万象に仏性を見る

安田　そして融合の仕方がなにか面白いんです。くっついた後、メタモルフォーゼ（変容）してしまう。仏像でも、日本独自の非常に独特な進化を遂げていますね。

内田　どういうふうに？

安田　百済《くだら》の聖明王《せいめいおう》から欽明《きんめい》天皇へ経典と仏像が贈られた、いわゆる仏教の公伝は六世紀半ばといわれています。そのときのことを、『日本書紀』では「西蕃《にしのとなりのくに》の献《たてまつ》れる仏の相貌端厳《かおきらきら》し」と記述していますが、当初は持ち運びやすい小型の金銅仏が持ち込まれ、深遠な教理よりまず最先端のテクノロジーから生まれた輝きに、多くの日本人が魅了されたのです。その後、金銅仏に加えて脱活乾漆《だつかつかんしつ》造という麻布の上から漆《うるし》を塗り重ねたハリボテ式の仏像が主流になっていきますが、奈良の都にあった六大寺が大きな権力を握り、僧侶が政治へ容喙《ようかい》し始めるようになると、その堕落を嫌い、都市の寺を出て、土着の聖地であった山林へ修行に分け入るお坊さんたちが増えてきます。

　平安仏教の嚆矢《こうし》となった最澄《さいちょう》や空海《くうかい》がその代表ですが、山林に聖性を見出すのは、仏教ではなく土着の神道的な感覚です。あるいは中国から同時期に入ってきた道教《どうきょう》の影響もあるかもしれませんが、仏教者が山林を修行の場として選んだことで、最初の神仏習合が始まりました。仏像もまたその影響を受け、素材が木になった。それ以前から、中国で作られていた香木《こうぼく》による檀像《だんぞう》彫刻を模した木造仏はありましたが、山深くにそびえる巨樹に聖性を感じ、霊木として造像に用いるようになったのは、多くの僧侶が山へ入るようになったことと不可分です。さらに寺そのものが都市から山へ場所を移し始めました。最澄が開いた比叡《ひえい》山、空海が開いた高野《こうや》山はいずれも山中に伽藍《がらん》を築き、修行の場としています。

日本でいう「山」は、中国の『易経《えききょう》』の「山」の卦《け》のイメージとはまったく違います。中国の山は基本的に木の生えていない岩山が雲に包まれ、頂上付近が少しだけ雲を突き抜けて顔を覗かせている、というイメージ。山にある種の優しさを見るのは日本特有の思考だと思います。

内田　ヨーロッパの山には森がないですからね。

安田　「山川草木悉有仏性」は中国にもありますが、日本ではさらにそれが「山川草木悉皆成仏」という思想に昇華されます。

内田　森羅万象に仏性を見るという態度は、日本列島の温帯モンスーンの自然が人間に対してそれだけフレンドリーだったからでしょう。生物学的多様性があって、よく雨が降って、森が深くて、植生が豊かで、動物や人間を養うだけの豊かな資源があった。こういう人間に対して融和《ゆうわ》的な環境はヨーロッパでは例外的ですから。

安田　そうですね。

内田　ヨーロッパの文化では、自然は人間にとって敵対的です。自然は攻略し、収奪し、管理し、場合によっては保護する対象になる。つねに人間の側からすると他動詞的な動作の対象物なんです。自然のほうが主体的に人間に関わってくるという発想をヨーロッパ人はしない。あるとしても、森は魔物の住まうところですから、森からの働きかけというのは邪悪なものだということになる。だから、ギリシャ時代から森林破壊の勢いが止まらない。ペロポネソス半島もかつては深い原生林に覆われていたんです。でも、青銅器、鉄器を作る技術の発達に伴って燃料用に木材が切り倒されて、今のようなオリーブが生えるだけの禿《は》げ山になってしまった。イギリスも緑が多い印象がありますけれど、森林率は一二％にすぎません。かつてロビン・フッドが隠れたシャーウッドの森も産業革命のとき、ノッティンガム炭田の開発で大部分が伐採されてしまった。森が多い印象のあるフランスでさえ森林率は三〇％です。先進国で日本の森林率六八％を超えているのは六九％のスウェーデンと七三％のフィンランドだけです。でも、スウェーデンの人口は九八八万人、フィンランドは五四九万人。土地の狭さと人口の多さを勘定に入れると、日本の森の多さがどれくらい例外的なものか分かると思います。

アメリカでは開拓者たちが十八世紀に移民が始まってから一五〇年で徹底的な自然破壊を行なった。『アメリカのデモクラシー』を書いたフランスの思想家アレクシス・ド・トクヴィルは一八三一年、建国半世紀後のアメリカを回って見聞を記していますが、入植して森を切り開いて、家を建て、畑を開墾した人たちが、せっかく作った耕地を捨てて、わずか数年でまた家財を幌馬車に積み込んで、次の開拓地を目指す様子を興味深く観察しています。この行動は経済合理性では説明できない、ある種の「興奮」に駆り立てられているのだとトクヴィルは書いています。ヨーロッパ人は北米大陸でほとんど千年ぶりに手つかずの自然を前にしたわけです。どれほど破壊しても誰からも罰せられない無尽蔵の自然を前にした。だから、熱狂的に自然破壊に取りかかった。そうだと僕は思います。たぶんそれをカオスをコスモスに変換する崇高な営みだとして合理化したのでしょう。一番極端な例はバッファローです。開拓が始まった時点で北米にはバッファローが推定六〇〇〇万頭いました。それが十九世紀末には七五〇頭に減少していた。一動物種の九九・九九％を殺戮《さつりく》したんです。これほど短期間にそこまでの破壊をするということは、毛皮が欲しかったとか、インディアンの生計の道を断つといった合理的理由では説明できない。自然は彼らにとって敵対的なものだった。だから破壊する。それは種族の文化なんです。日本列島の住民とはその点が違う。

遊女の道と山伏の道

安田　さきほどの山伏と遊女の話にも通じるのですが、カオスをコスモス化したいという欲求は古代中国にもあって、それを古代の日本政府も律令として取り入れました。そのときに作られたのが五畿七道で、駅制や街道もそのときに整備されましたが、それは統治や租税徴収のためのもので、きわめて人工的・コスモス的なものなので、それ以外の「みち」も残っていました。今でもマタギの道とかサンカの道とかありますが、能の時代ではなんといっても、さっきも言った山伏と遊女の道です。

山伏たちは山岳修験の集団ですけれども、芸能のほうから見れば、延年《えんねん》という、お寺の法要の後に僧侶たちによって演じられる芸能の担い手でもあり、彼らの道はその芸能の道でもありました。彦山、伯耆《ほうき》の大山《だいせん》、白山《はくさん》、立山《たてやま》、富士の御嶽、さらに上って出羽三山《でわさんざん》。そして比叡山、さらには月を経由して、なんとヒマラヤまで連《つら》なるという壮大な道です。

それに対して、当時の「裏日本」であった太平洋側を通る遊女の道、白拍子《しらびょうし》の道というものがあったはずなんです。「ひとつ家に遊女も寝たり」という芭蕉の句があるように、その道を旅する遊女がいて、彼女たちと出会ってしまう物語というものがあって、それがたとえば能の『江口《えぐち》』になったのではないかと。

内田　遊女たちはどういう芸能をしたんですか?

安田　やはり歌と舞でしょうね。そしてたぶん、憑霊《ひょうれい》もしたと思います。明治政府がわざわざ巫女《みこ》による憑依芸能を禁止していますから。

内田　巫女も遊行の民だったんですね。

安田　そうですね。もともと日本の神様自体が遊行する神様ですね。ただ、自分では歩けない。だから巫女に憑依します。天照大神《あまてらすおおみかみ》は、自分の鎮座すべき地を求めるのに、「みこと」である豊鍬入姫命《とよすきいりひめのみこと》に憑依して歩き回り、ついに笠縫邑《かさぬいむら》の地（奈良県）を見つけて、そこに鎮座します。でも、それから九〇年ほど経って、今度は倭姫命《やまとひめのみこと》に憑依し直して、新たに鎮座すべき地を求めて歩きます。アマテラスが憑《つ》いた倭姫命は、まず菟田筱幡《うだのささはた》（奈良県宇陀市）まで歩き、そこから近江国《おうみのくに》（滋賀県）に行き、さらに美濃国（岐阜県）に廻り、やがて伊勢国（三重県）に至って、そこを鎮座すべき土地に決めたと『日本書紀』にあります。これが今の伊勢神宮のある所です。地図で見れば遠回りも遠回りですが、あちらこちらと遊行漂泊をするのが神が憑いての歩き方なのです。歩き巫女もいたくらいですから。

内田　やはりね。『松風《まつかぜ》』でも、在原行平《ありわらのゆきひら》の形見の狩衣《かりぎぬ》と烏帽子《えぼし》を身につけた松風が狂乱する。他者の衣装をまとうことで憑依する。そういう話、けっこう多いですね。装束や面は憑依されるための装置なんでしょうね。

安田　かもしれないですよ。『二人静《ふたりしずか》』ってあるじゃないですか。あれにすごくよく似た芸能が、バリ島にあるんです。

内田　ほんとですか？

安田　ただバリ島の場合は本当に目を瞑《つむ》って舞うらしいです。そして舞うのは少女かお爺《じい》さん。夢幻能の前シテもだいたいが若い女性か老人なので、なんか能のようでしょ。しかも、この舞は共同体によほどの危機が訪れたときしか演じてはいけない芸能らしくて、十数年前にも一回演じられたらしい。

内田　そのときは、どんな理由だったんですか？

安田　グローバルスタンダードの経済が入って来てしまって、従来の共同体が破壊されそうだからというので、その芸能をやったらしい。同じものが二人に憑依するという構成が、『二人静』によく似ているんです。

内田　そう聞くと、『二人静』って、かなり怪しい曲ですよね。

安田　そうですね。かつて世阿弥の再来と言われた観世寿夫《かんぜひさお》先生と、非常に自由な芸風で有名だった橋岡久馬《はしおかきゅうま》先生とが舞われた『二人静』はすごく面白かったと聞きます。

内田　同じ舞をするんだけれど、完全に同調させちゃいけないんですよね。鏡像のように同一の動作を模倣するというのは、ルネ・ジラールの説によると、共同体を崩壊させるほどの破壊力を持つことらしいですからね。

安田　完全なシンクロはまずいと分かるんでしょうね。夜中に鏡を見るようなものだと。

定住と遊行

内田　ところで、幕府直轄の天領《てんりょう》というのがありますでしょう。あれは不思議な土地なんですよ。どうして、こんな土地が天領に指名されたのか、理由がよく分からない。関八州は天領が多くて、だから上州にはヤクザがいっぱいいいた。

安田　ほう、天領だとなぜヤクザが？

内田　武士階級がいないからじゃないですか、代官所があるだけで。だから、地元の顔役たちが警察業務を代行した。博徒が十手《じって》を預かって「二足の草鞋《わらじ》を履く」というのがよくあったじゃないですか。俠客として僕たちが名前を知っている大前田英五郎《おおまえだえいごろう》、国定忠治《くにさだちゅうじ》、黒駒勝蔵《くろこまのかつぞう》、飯岡助五郎《いいおかのすけごろう》、笹川繁蔵《ささがわのしげぞう》、座頭市《ざとういち》もみんなあのエリアの人たちでしょう。

安田　なるほど、浪曲もみなそのあたりで生まれていますからね。

内田　清水次郎長《しみずのじろちょう》は駿河《するが》ですけれど、清水も天領なんですよ。小藩が並立している地域の場合には、国境を越えてしまうと藩の警察権は及びませんから、旅人という生き方には治外法権的なアドバンテージがあったんじゃないでしょうか。

　若山富三郎《わかやまとみさぶろう》の『子連れ狼』のDVDをこの間まとめ買いして続けて見たんですけれど、あの映画の中には瀬戸内《せとうち》の海岸沿いを三度笠合羽《さんどがさかっぱ》姿に長脇差《ながわきざし》の博徒たちがのし歩いている場面があって、ちょっと意外感がありました。これは時代考証的にはどうなんだろうなと思いました。東海道沿いの松並木を次郎長一家が歩いてゆくのは史実の通りだと思うんですけれど、山陽道や南海道を博徒が集団で移動するということはあったんでしょうか。もちろん関西にも当然遊行の芸能者はいましたから、侠客博徒もいたと思うんですけど、彼らについての物語って、あまり聞かないんですよね。やっぱり『東海遊侠伝《とうかいゆうきょうでん》』と『天保《てんぽう》水滸伝《すいこでん》』が双璧《そうへき》でしょう。どうして、関西の侠客の話が残っていないのだろうと、けっこう不思議なんですよね、遊行の人たちはいたはずなんですから。まあ、こういうのは、浪曲師が語ったり、読み物に仕立てたりされたせいで人口に膾炙《かいしゃ》するわけですから、西国の侠客にはたまたまそういう物語を語り継いでくれる人が出なかったということなのかもしれませんけど。幕末には会津小鉄《あいづのこてつ》という京都の侠客が有名ですけれど、それより西になると、僕はちょっと聞いたことがない。やっぱりフォッサマグナのあっちとこっちではアウトローのありようも違うんですかね。

安田　遊女は基本的に美濃国まで。それが後白河院《ごしらかわ》が編纂した『梁塵秘抄《りょうじんひしょう》』の頃（平安末期）、都にまでやってきたから、びっくりしたと思うんです。

内田　あら、遊女はフォッサマグナの東側限定ですか。

安田　それが由緒正しい遊女です。その遊女たちの文化や芸能を後白河院が宮廷に引っ張り込むんですね。恐らく宮廷における憑霊芸能として、もともと秩序立ったものがあったと思うのです。

内田　陰陽師《おんみょうじ》の世界ですね。

安田　中国から持ち込まれた、オーセンティックで制度化された芸能がまずあって、そこに土着のものが入り込んできてしまうイメージです。

内田　面白いですね。ここでもまた、外来と土着の習合がある。土着の芸能って、ほんとにしぶといですね。

安田　出雲には手錢《てぜん》さんという名家があります。昔の文物《ぶんぶつ》もたくさんお持ちで、たくさんありすぎるのでご自宅に美術館を建てているような方なのですが、その手錢さんのところで行なわれる大土地神楽《おおどちかぐら》を今度、拝見しに行きます。神楽というと神様に対する楽《がく》のように思われますが、そうではなく、祖霊《それい》に捧《ささ》げる楽なのだそうなのです。ただし、その祖霊というのは血縁としての祖霊ではないということで、その土地に住めばその祖霊の影響というか恵みを受けることができる。血ではなく地と関係のある土着の芸能なのです。こうした芸能は辻《つじ》で行なわれることが多いのですが、そこへ漂泊の能楽師たちが通りかかったりすると、互いに影響を受け合って、少しずつ変化が起こる。

内田　定住民の芸能と遊行民の芸能が火花を散らすわけですね。

安田　相手のようにはならないぞ、という強固な意志を持ちながら、それでもどこか影響を受けてしまうんです。

内田　日本文化は定住民文化と遊行民文化の二重構造になってるみたいですね。他の領域でもだいたいそうですね。土着と外来、定住と遊行の二重構造になっている。

安田　ですから能の中に農民って一人も出てこないでしょう。

内田　あ、ほんとだ。農民って出てこないですね。草刈りとか汐汲《しおく》みとか漁師とかは出てきますけれどね、農民って出てこない。気が付かなかった……。

安田　山人も出てきますが、農民はゼロ。ところが狂言には農民がたくさん出てくるんです。

内田　へえ、そうなんですか。

安田　しかし能の詞章に「百姓」という言葉は出てきません。

内田　それは能楽師の側からの定住文化に対する違和感と距離感の表われなんでしょうか。「私たちもそっちには行きませんから、あなたがたもこっちの生き方に干渉しないでね」という無言の文化的境界線がそこに暗示されている、と。能の話をし始めると、日本文化の奥底までどんどん潜ってゆくようで、ほんとに能は深いですね。

第二章

古典を身体で読み直す

——論語、六芸《りくげい》、「うた」の力

論語を身体で読む

内田　安田さんが『論語』を身体感覚で読み始めたきっかけは何ですか。

安田　ある勉強会で、論語を取り上げることになりまして、せっかくなので、孔子の生きていた時代の文字に直して読もうと思い立ちました。紀元前五〇〇年くらいの文字です。そうして読み直したら、いくつかのことに気づきました。一つは論語の中の漢字のおよそ八〇%が身体文字、つまり文字の中に身体の一部あるいは全部が含まれる文字だということです。ほとんどが身体に即した文字なのです。なら、これはもっと身体的に読まなければならないだろうと思いました。そして、もう一つは、今の『論語』では使われているけれども、孔子の時代にはなかったという文字がたくさんあったのです。

内田　なるほど。今の文字との一番の違いは何ですか。

安田　特に目立つのは「心」を含む字が少ないことですね。あの有名な「四十にして惑《まど》わず」の「惑」という字は、孔子の時代にはまだなかったんです。

内田　へえ、そうなんですか。「或」だけで、「心」がない文字。どんな意味なんですか？

安田　はい。この文字は当時の文字で書くとこうなります。

これは戈《ほこ》で場所を「区切る」というのが原意です。「或」に土をつけると地域の「域」になりますし、口で囲むと国の旧字体である「國」になります。ですから「不惑」は「不或」で、「区切らず」。自分に制限をつけない、という意味になるんです。

内田　とすると、あの文の意味は「四十にして惑わず」ではなく、「四十にして区切りがなくなる」という意味になるわけですね。こんな年齢でこぢんまりまとまるなよ、と。なるほど。いや、たしかにそうですよね。四〇歳って、そうですよね。わりとまとまりやすい時期ですよね。二十歳から二〇年働いてきて、社会的地位もそこそこできて、妻子もいて、自分の先行きもだんだん見えてきた頃ですよね。このまま予定通り「だいたいこんなもんだろう」という人生を続けるか、一度リセットして生き方を変えるか、迷いのピークを迎える年頃ですよね。この四〇歳において孔子は「小成に甘んずるな、もう一度自分の枠を外せ」と教えている、というのが安田さんの解釈ですね。でも、今の「不惑」だと、「四十になったらもう迷うな、生き方を変えるな、腰を落ち着けろ」というふうになりますよね。ぜんぜん逆じゃないですか。たしかに今の解釈はおかしいですよね。「不惑」が

「惑わず」だったら、四〇ですでに「天命を知っている」ことになって、五〇歳の「天命を知る」と整合しないから。枠を外して一〇年生きて、それくらいでようやくおのれの生きるべき道を知るというのなら話の筋目が通る。六〇にして「耳順《みみしたが》う」もそうですよね。四〇にして惑わなくなった人間がそれから二〇年後に他人の話を聞くはずないですものね。

安田　そうです、そうです。最後の「七十にして心の欲《ほっ》する所に従って、矩《のり》を踰《こ》えず」も、「七十になると、思うままに振る舞っても道を外れないようになった」と読みがちですが、僕は読み方が逆だと思っています。ここに出てくる「心」というのは、今の心とまったく違う字形です。これです。

これって、男性器のように見えるんでしょ。そうすると、心というのは下腹部にあるもので、心は芯《しん》にも通じる、コアな〝何か〟であると。

内田　なるほど。ハートではなくて中心にある「芯」ということですね。

安田　はい。センター・オブ・グラビティですね。そうなると、「芯に到達できるのは七十歳くらいである。芯に従っていけば、自然に矩は踰えなくなる。その境地に達するのは七十である」と読める。

内田　七〇歳でやっと「芯」ができる、と。そこまでゆくと、身体と脳とが同期して、身体が求めるものと脳が求めるものとが過《あやま》たず一致する。これも現行訳とは全然解釈が違いますね。こちらのほうがたしかに納得がゆきますね。でも、なぜ、こんな意味のずれが生じたんですか。

安田　漢の時代には、すでに『論語』が国家的な宗教として取り入れられます。そのとき、孔子を聖人として祀《まつ》り上げたかった。そのために「四十して惑わず」というのは、普通の人は四〇で惑うけれど、孔子は惑わなかった程のえらい人なんだ、というのを見せたかったのではないでしょうか。

内田　国家宗教とするために、意図的なミスリーディングが始まった、と。

安田　そうです。『新約聖書』が古典ギリシャ語からラテン語に翻訳されるときに、既に国家宗教としてのミスリーディングが始まっているのと同じでしょう。僕はこの読み方ができるようになってから、論語が好きになりました。それまでは論語なんて読む気もなかったんです。

白川静と孔子

内田　僕が『論語』を再読するきっかけになったのは、諸星大二郎《もろほしだいじろう》の『孔子暗黒伝』（集英社文庫）ですけど（笑）。

安田　いいなあ。僕も好きです。

内田　それから酒見賢一《さけみけんいち》の小説『陋巷《ろうこう》に在《あ》り』（新潮文庫）。この二作で、孔子の思想が実に行動的でダイナミックなものだという新しい解釈を知ったわけです。でも、この二作にはインスパイアする「元ネタ」があって、それが白川静の『孔子伝』だった。諸星大二郎、酒見賢一、お二人とも『孔子伝』を読んで、その影響下にマンガと小説を書いたんじゃないかなと思います。白川先生は、厳密に学問的な考証の上で、『史記《しき》』に書いてある孔子についての記述は信ずるに足りないと断定するところから始まるでしょう。

「孔子の世系についての『史記』などにしるす物語は、すべて虚構である。孔子はおそらく、名もない巫女の子として、早く孤児となり、卑賤のうちに成長したのであろう。そしてそのことが、人間についてはじめて深い凝視を寄せたこの偉大な哲人を生み出したのであろう。思想は富貴の身分から生まれるものではない」（白川静、『孔子伝』、中公文庫、2003年、26頁）

漢の時代から国家によってオーソライズされた孔子像を一度全否定するところから『孔子伝』は書き始められます。でも、そうやって描かれた孔子像が実に魅力的なんですよ。

安田　そうそう、その通りですね。孔子は完全無欠の偉人ではなく、苦悩した人だった。

内田　それまで僕は老子《ろうし》や荘子《そうじ》に比べて、孔子は世俗的な人だと思っていたんです。世渡りの教訓のようなことばかり言っているはずなんだけれど、そのわりには意味が分からず解釈できない文言が多い。実利的な処世訓を述べている人なら、もっと簡単に書けばいいのに、と。でも、そうじゃないというのが白川静説ですよね。ある意味で、孔子は老子や荘子よりむしろ難解だ、と。だから、白川先生の『孔子伝』を読んで、すとんと腑《ふ》に落ちた。安易な人生訓だと思っている読み方が間違っていて、孔子の本当の思想はもっとずっと深いものではないかと思い始めた。

なぜ六芸《りくげい》は「礼」から始まるのか

内田　孔子の深さは「六芸」という思想にも示されていると思います。礼、楽《がく》、射、御、書、数の、この順番に僕は興味が湧いたんです。どうしてこの順番なんだろう、と。今、学校教育で教えているのは、もっぱら書と数（読み書き算盤《そろばん》）ばかりですよね。最初の四科は教育の主要教科にカウントされていない。

「礼」が第一の芸ですが、これは白川先生の解釈だと、「鬼神を祀る儀礼」のことです。「超越的なものとコミュニケーションする技術」と言い換えてもいい。要するに、「この世ならざるもの」とどのように関わるか、「それ」がもたらす災禍をどうやって抑制し、「それ」がもたらす祝福をどうやって受け入れるか、そのための技術知が第一に来る。これは実に深い見識だったと思います。礼というのをただの礼儀作法のことだと解釈している人がいますけれど、そんなものが君子の習得すべき技芸の第一位に置かれるはずがない。学知というのは、どこからどこまでが「人知の及ぶ領域」で、どこから「人知の及ばぬ領域」が始まるか、まずその境界線を確定するところから始まるに決まっています。それはあらゆる学問が何を扱い、何を扱わないかを確定するところから語りだされるのと同じです。

「礼」というのは人知の及ぶ限界を確定するときの、一番遠い線のことだと僕は思います。「この世に存在しないもの」と関わるための技術知。礼を通じてはじめて人間は「この世に存在するもの」との適切な関わり方を学ぶ。これは僕の実践的確信です。「この世に存在するもの」とだけ関わっていたのでは、「この世」の仕組みは決して見えてこない。当たり前です。地図を見る技術と同じです。地図を見るためには、地図をテーブルの上に拡げて見ないといけません。そこにはテーブルや、コーヒーカップやペンやいずれにせよ「地図ではないもの」「地図の中には登場しないもの」がある。そういうものにまわりを取り囲まれているからこそ地図は地図として機能する。「原寸大の地図」は地図としてはまったく役に立ちません。「原寸大の地図」の中に棲《す》んでいる人間は自分がどこにいるのかを知ることが絶対にできないからです。それと同じで、この世の仕組みについて一望俯瞰《いちぼうふかん》的に見る能力が君子にとって最優先に開発すべき資質であるわけですが、そのためには「この世ならざる視座」「鬼神」の視座からこの世を眺《なが》めることができなければならない。礼は神霊鬼神は人に何を求めているのかを訊《たず》ねることですけれど、それができるためには、仮説的に人間の世界を離脱して、鬼神の境位に立たなければならない。この世の利害得失の枠組みからいったん出て、人間ならざるものの眼を通して人事を見ることができなければならない。礼というのはそのための技術知だったんじゃないかというのが僕の理解です。

「今ここに存在しないもの」と関わる

内田　「楽」がなぜ第二位に置かれるのか、これも楽をただ「音楽の演奏技術」というふうに理解していたのでは意味が分からない。でも、音楽の本質を考えると、それが実は礼と同一の構造の技術知であることが分かる。

メロディにしてもリズムにしても、僕たちがそれを聴き取ることができるのは、「もう聞こえなくなった音」がまだ聞こえ、「まだ聞こえない音」がもう聞こえるからです。人間が今この瞬間の空気の波動だけしか聴き取れないのだとしたら、そのような単音によってはメロディもリズムも構築することができるはずがありません。ただの無文脈的な空気の動きを連続的に聴き取ることができるだけです。音楽を聴くためには「もう過ぎ去った時間」を手元に引き留め、「まだ到来していない時間」を先取りする能力が必要です。それができないと、僕たちは音楽を享受することができない。

ですから、音楽もまた「この世に存在しないもの」、すなわち「消え去った時間」と「未だ到来せざる時間」を現実のうちに繰り込む技術を要求します。そして、この「この世にもう存在しない／まだ存在しない時間」を過去と未来にできるだけ遠くまで延長できるものほど音楽から享受できる愉悦は大きくなる。五秒前の音からしか記憶できないリスナーと、交響楽が始まってからの全音符を記憶しているリスナーでは、今ここで響いている楽音の持つ「意味」が違うし、そこから引き出せる愉悦の質が違います。今ここで聞いている楽音がある音楽的アイディアの結末なのか、変奏なのか、これから始まる変化の予兆なのか、それは「過ぎ去った楽音」についての記憶と「これから生成する楽音」についての期待が作り出す経時的文脈の中でしか分からない。

ですから、「今ここには存在しないもの」と関わる能力、これが「礼」と「楽」が要請するものだと思います。

弓馬の道

内田　「射と御」はそれぞれ「弓」と「馬」を操《あやつ》る技法ですから、これはそのまま日本語で言うところの「弓馬の道」、つまり武芸を意味します。

「海部」と「飼部」のときに触れましたけれど、武具兵器というのは自然の強大なエネルギーを人間の世界に導き入れる導管のようなものです。剣も弓も槍《やり》もみなそうです。武器は作為によって操作するものじゃない。それを通じて自然の強大なパワーを現実世界に発現できるように、その走路を妨害しないように、身体を調える技術のことです。それが武芸の本質だと僕は理解しています。

「御」は馬という巨大な野生獣の野生のエネルギーを制御して、人間世界における有用なエネルギーに変換する技術です。これも「この世の外なるもの」との交渉の技術であるという点では「礼楽」と似ています。

「射」は剣や槍を使う技術と大きな違いがあります。それは「的は向こうからは襲ってこない」ということです。ですから、弓の技術は「こう攻撃されたら、どう反応するか？」という反応の枠組みでは語られることがない。そうではなくて、自分の全身をモニターする。どこかに詰まりがないか、こわばりがないか、痛みがないか、緩みがないか、あるいは見落とされた空白がないか。それを全身の内外について点検する。その点検のためには、どれほど時間をかけても構わない。それが「射」という技術が要求するタスクの本質です。自分の身体を一種の対象と見立てて、それを丁寧に観察する。こう言ってよければ、「自分の身体という他者」を観察し、それを調整する技術です。

孔子が「六芸」として挙げた教科は、一言で尽くせばいずれも「超越的なもの」と関わる技法だと僕は思っています。

ですから、孔子の時代における書も数も、僕たちが今知っている「読み書き算盤」よりはるかに霊的な深みを要するものだったと思うんです。書を通じて超越に至る、数を通じて世界の神秘に至る、そういう技術が古代には存在していたと僕は思います。

「書」と憑依《ひょうい》

安田　おっしゃる通り六芸の「書」や「数」は、「読み書き算盤」よりはるかに霊的なものだと思います。国貞《くにさだ》の絵に「稚六芸之内《ちごろくげいのうち》」というのがあって、その中では「書」と「数」は「読み書き算盤」にされていますが、これはあくまでも「稚」、子どもバージョンです。でも、この二つは礼・楽・射・御に比べて日常に手近な「読み書き算盤」があるために、それと同一化されてしまいがちですね。

しかし本来は、礼楽と同じく、あるいはそれ以上に秘教的な手続きによってはじめてその霊的な深みに到達できるものだったのではないかと思います。

まず「書」ですが、これは「文字」を使って存在しないものと出会うための技術です。書では臨書《りんしょ》ということをします。昔の人の書をお手本にして、そっくり似せて書くのですが、たとえば顔真卿《がんしんけい》の書を臨書しているときと、王羲之《おうぎし》の書を臨書しているときとでは自分の精神状態がまったく違います。臨書をしていると、書というものは顔真卿や王羲之と出会う方法なんだなと実感します。

書家の中でも、特に顔真卿にはさまざまな書体があって、とても同じ人とは思えない。これはおそらく顔真卿自身が書を通じて、さまざまな「存在しない人」に出会い、そして憑依状態で書いていたのではないかと思うのです。なんといっても顔真卿は孔子の弟子の顔回《がんかい》の子孫ですし。

内田　へえ、そうなんですか。

安田　そうなんです。そして、その顔回が属していた孔子学団自体がもともと憑依学派です。『論語』の冒頭の「学んで時にこれを習う」のあとに「亦《ま》た説（悦）ばしからずや」という句がありますが、この「説」という字の孔子時代の文字である「兌」は、巫祝《ふしゅく》（神につかえる者）である「兄（祝）」の頭部から神気が立ち昇るさまで、脱魂状態の姿です（「脱」の中にも「兌」があります）。また『論語』の中で孔子が最も大事だといった「恕《じょ》」も、憑依状態の巫女が神託を述べている姿です。

孔子一門の「学」の基本は脱魂や憑依という巫祝の技法を通じて祖霊や神霊という「超越的なもの」と出会ったり、一体化したりすることであり、顔回はその技法の第一の継承者でした。また、孔子のお母さんも顔家の娘ですし、孔子や顔回や顔真卿がその血を引く「顔家」というのはそのような巫祝体質を継ぐ家系なのではないでしょうか。

で、そんな憑依型の臨書をするときには、字の形を真似るというよりは、筆遣いや息遣いを似せることが大事なのですが、ここに問題があって、顔真卿のものなどは石碑に彫られたものを紙に写し取った拓本《たくほん》ばかりで、これがなかなか難しい。

ところが西安《せいあん》にある碑林《ひりん》に行ったときに、顔真卿の碑を見ていたのですが、書道を専攻しているという、中国の女子大生から話しかけられまして、彼女が言うには顔真卿の碑は彫る人も顔真卿のことをよく知っている人で、その筆遣いまでも石碑上に残そうとした、と。そう言いながら石碑の上に指で字をなぞってくれたんです。そうしたら確かに見えるんですよ、顔真卿の息遣いが。息遣いってふつう「感じられる」っていうべきなのかもしれないのですが、本当に見えるんです。そして、そういう視点で碑林の石碑群を見ていくと、たとえば曹全碑《そうぜんひ》のような漢の時代の隷書《れいしょ》の碑からも息遣いが見えるようになり、さらにはそれを紙に写し取った拓本からも見えるようになるんです。

内田　なるほど。そうか、石碑というのは、見るためのものじゃなくて、それを指でなぞるための、そういう身体的な経験のためのものなんですね。それは気がつきませんでした。

「書」もやはり「この世の外なるもの」との交渉の技術であり、「超越的なものと関わる作法」なのですね。

数字に景が見えた人々

安田　もう一つの「数」ですが、ある意味これは「書」に対するものです。中国の古代王朝の殷《いん》（商《しょう》）と周《しゅう》というのは実はだいぶ違うものだったんじゃないかというふしがあります。ひょっとしたら民族としても全然違っていたのかも。その違いの一つは文字と数字の違いです。殷は文字を発明したように文字の人々です。それに対して周は、数字の人たちなのです。

　こんな甲骨文があります。

　これは周の時代の甲骨文で、周公《しゅうこう》の故郷である岐山《きざん》の周原《しゅうげん》というところから発掘されたものです。

内田　あの周公のですか。

安田　はい。しかも周公と同時代のものです。甲骨文のほとんどは殷（商）の時代のものなのですが、周原からもいくつか発掘されています。

周原の甲骨文にはいくつか特徴がありまして、一つは字が下手だということ、もう一つは純粋数字が出現するということです。

この特徴はすごく面白いと思うのです。文字というものは、漢字にしろ、シュメール語にしろ象形が基本です。象形というのは何かの形を、輪郭と陰影によって表現しようとしたものです。これは絵や写真も基本的には同じで、僕たちは輪郭や陰影によって表現されたものを見ると「ああ、これは山だ」と思うし、また形を二次元の紙の上に写そうとするときも、やはり輪郭と陰影によって行なおうとします。

でも、周の人たちは輪郭にはあまり興味がなかったんじゃないかと思うのです。字も下手だし、あれほどの文明を創りながら文字を創らなかった。その代わり、純粋数字という概念を創りました。でも、これは古代メソポタミアのような計算のための数字ではなく、数字に山や川など森羅万象を見ることができたんじゃないかと思うのです。それをこの甲骨文が示しているような気がします。

この甲骨文は「八七八七八五」と読めます。殷の時代の甲骨文にも数字はありますが、それらは「九匹の犬」とか「三人の羌《きょう》族の人」のように数字の下に名詞を伴うものばかりで、ただ数字だけが書いてあるというものはありません。ところが周原の甲骨文には、このようにただ数字が羅列してあるものが出現しているのです。

しかし、周原から見つかる甲骨文の文字は、これ以外のものもやはり六桁《けた》が多く、しかもすべてが一から八までの数です。ですから、これは、「易《えき》」の卦《け》を表わすのではないかといわれています。

易というのは、「爻《こう》」と呼ばれる陰陽を示す横線を下から重ねていって「卦」というシンボルを作ります。陰陽というのは「0（偶数＝陰）」「1（奇数＝陽）」の組み合わせです。具体的には筮竹《ぜいちく》をじゃらじゃらやって、出た数によって「陽」と「陰」を決めます。

そのようにして、まずは「爻」を三本組み合わせた卦を出します。たとえば下から陰、陽、陰と積み上げていくと「坎《かん》」という卦になり、これは自然物でいえば「水」の象徴です。

また、この陰陽を逆にして陽、陰、陽ですと「離《り》」という卦で象徴は「火」、というふうに2の3乗で八つの組み合わせを作ります。これが「八卦」というやつです。

☰乾＝天
☱兌＝沢
☲離＝火
☳震＝雷
☴巽＝風
☵坎＝水
☶艮＝山
☷坤＝地

さらにその八卦を上・下二つ組み合わせて、六本の爻で「当たるも八卦、当たらぬも八卦」の六四通りの組み合わせを作ります。たとえばさっきの「坎（水）」と「離（火）」を組み合わせると「水火」になって、これは「既済《きせい》」であるだとかですね。そして、それが出たら、この「既済」にはどんな象徴的意味があるかなと、五経の一つである『易経《えききょう》』をひもとく、というような手順になります。

䷾
（既済の卦）

ちなみにさきほどの周原の甲骨の各数字を陰陽に分けると「水火既済」になります。
筮竹のジャラジャラで出た数をこのように陰陽に振り分けたりするので、周原の甲骨文の数字が易のルーツと考えるのはアリなのですが、しかしそう考えるとちょっと変なことがあります。

もし、ここが易のルーツならば、わざわざ五とか七とか八とかいう数を使う必要はなく一か二でいいはずなのです。五や八をわざわざ「これは奇数」「これは偶数」のように陰陽の二分にするのは、ちょっと不自然だと思うのです。「これは老陽《ろうよう》や老陰《ろういん》だ」という人もいますが、それにしても不自然です。

僕は、周初の易というのは、今のように陰陽の二分にするのではなく、一は一、八は八で象徴があったんじゃないかと思うのです。たとえば一は山とか八は川とか。いや、さらにはその六桁自体に象徴があったんじゃないか。そして、周初の人たちは、それを象徴としてではなく、森羅万象そのものとして「見えて」いたんじゃないかと思うのです。

サヴァン症候群で共感覚を持つダニエル・タメットという青年には、タイムズスクエアは「9」に見え、テレビ番組のホストであるデイビッドは「117」、雷鳴は「5」で、舞い落ちる雪は「89」に見えると『ぼくには数字が風景に見える』（講談社文庫）にあります。彼の計算の仕方もまさにこの方法で、たとえば掛け算ならば、数字はまったく違う二つの形が合わさって、やがてそれが変化して第三の形が現われ、それが答えとして見えます。

寄席《よせ》で、お客さんから言われたすごい桁の数を覚えるという芸人さんがいましたが、その方はお客さんから数を言われると、それを風景として覚えたんだそうです。このように数に風景が見えるという共感覚の人は案外いますし、子どもの頃は多くの人が共感覚だといいますね。

周初の人たちもダニエル青年と同じく数字が風景に見え、そして易というのは当初は数字を使った観想《かんそう》だったのではないかと思うのです。

易は六爻（桁）ありますが現代の易は、それを上卦、下卦という二桁にしています。それは上卦と下卦を掛け合わせる二次元マトリクスを作るためで、僕たちの脳は二次元マトリクスまでしか理解できない、できても三次元マトリクスくらいまでだからなのです。でも、もし数字が風景に見えるという観想手法を使うならば、元の六桁のままの六次元マトリクスも可能なのではないかと思うのです。六次元マトリクスが可能ならば、そりゃあ時間も見えるわけですから、未来を予知する「易」が生まれるのも宜《むべ》なるかなとも思うのです（笑）。

「書」や「数」は文字や数字を通して存在しないものと出会う方法ですが、これってよく内田さんが話されているユダヤの神秘主義のカバラにも似ているような気もします。易が六次元や八次元での観想から『易経』というマニュアルを使うようになったのは、カバラがメルカバーの観想からマニュアル的な数秘術ゲマトリアに変わっていく過程をも彷彿《ほうふつ》とさせます。

また、周原の甲骨文を見ていると、文字を生み出した殷の人たちと純粋数字を使う周の人たちとは脳の構造が違っていたんじゃないかなどということも思ってしまいます。古代メソポタミアでもこのようなことが起こっていて、シュメール人と同時代のアッカド人の違いもこれに似ているんです。文字を発明する脳を持っていたシュメール人や殷の人と、そんな脳は持っていないけども前代を凌駕《りょうが》するような文明を生み出したアッカド人や周の人。その脳の違いというのは考えていくと面白いと思うのです。

夢の中にあるもの

内田　存在しないものと出会う方法は、いくつかありますけれど、夢は重要な回路ですよね。

安田　夢は実在しないもののような気がしますが、実存する幻覚と言っていいでしょう。能はそれがベースになっています。

内田　夢は「存在しないもの」が圧倒的なリアリティを持って切迫してくる経験ですから。夢を見ているときは、夢が現実ですから。

安田　そうですね。

内田　よく「現実を忌避して、夢の中に逃避する」という言い方をしますが、それはスラヴォイ・ジジェクによると話が逆なんだそうですね。人間はむしろ「夢を忌避して、現実の中に逃避」しているのだ、と。たしかに、悪夢は現実よりずっと怖い。あまりに怖い夢を見ると、恐怖や苦痛に耐えることができなくて、はっと目を覚まして現実に戻るということがありますよね。そして、「ああ、夢だったのか」とほっとする。夢の中には、僕たちが隠蔽《いんぺい》し、抑圧し、それから目を背《そむ》けているものが全部堆積《たいせき》している。現実において僕たちが見ないようにしているものが夢の中には全部そのまま出揃ってしまう。現実のほうが夢よりつじつまが合っているのは、それが僕たちの作った「お話」だからです。

安田　なるほど、なるほど。そうですね。

内田　僕らの現実世界には「つじつまの合ったもの」「それを直視できるもの」しか残されていない。それ以外のものは全部押入れの奥に詰め込むように意識下に押し込まれている。それは放っておけば消えてくれるわけじゃない。放置されるほど「抑圧されたもの」の腐臭は濃くなり、毒性は増す。「夢の中にあるもの」もまたある種の「この世に存在しないもの」です。であれば、それを扱う技術にもまた精妙な手際が要求されて当然です。ということは、それもまた「君子」の仕事だということになる。つまり、一般民衆には「つじつまの合った物語」を服用させ、「恐るべき現実」を押し込めた暗い地下室とのインターフェイスには「君子」が歩哨《ほしょう》に立って、「恐るべきもの」が現実に滲出《しんしゅつ》してくるのを見守る。

この世界を成り立たせるためには、「世界になじまないもの」「この世の秩序にまつろわぬもの」をどこかで押しとどめなくてはならない。でも、それは絶えず隙間を見つけては漏れ出してくる。完全に封印してしまうことはよけい危険なので、ちょろちょろと漏れてくるくらいの適量に、「恐るべきもの」の流入を制御する。そのボーダー・コントロールには高度の専門能力がいるんです。それが君子の……

安田 六芸なんですね。

内田 そうです。そういう「人間世界の外」とのインターフェイスに立つ「歩哨」仕事は君子の修めるべき技芸であって、一般民衆がことごとく習得すべきものではない。そんな危険なことは全員にはできるはずがないし、させるべきでもない。取り扱いの難しい特殊技能なんです。そういう話を孔子がしたんじゃないかと思うんです。

安田 まさにそうですね。

霊を呼ぶ・人を動かす

安田　学生時代は中国古代哲学を学んでいまして、五経の一つである礼の一つ、『儀礼《ぎらい》』を読みながら「礼」によってどんな変容が起こるのかが卒論のテーマでした。

内田　何が起こるんですか?

安田　まず人格が変容します。少なくとも礼の前と後では、同じ人間ではなくなります。人格だけではなくて、共同体も変容する。それは、その変容がないと共同体も個人も疲弊してしまうというところがあるんです。

内田　確かにそうですね。共同体は適切な仕方で変化していないと、制度疲労を起こして死に始めますからね。共同体を再活性化させるためには、定期的に少量の「怪しいもの」を服用させて、不条理感や奥行きや深みをもたらしてもらうことは、どうしても必要なんです。儀礼によって、「存在しないもの」「異界のもの」を呼び込み、歓待する。

安田　折口信夫のいう「まれびと(稀人、客人)」ですね。他界からやって来て人々を祝福する霊的な存在、それを招くための装置が「礼」です。「まれびと」の中には、他の共同体や山などから訪れる生きている「まれびと」もいれば、祖霊や神霊などの非在の「まれびと」もいます。「礼」の旧字は「禮」ですが、これは生贄《いけにえ》を置く台と生贄、そしてそこから滴《したた》る血か、あるいは酒、そして供物《くもつ》によって成る漢字です。それらを使って霊をここに招き、祝福を与えてもらったり、神託をいただいたりします。あるいはそれが儀礼の中で行なわれれば、まれびとである神霊や祖霊によって、共同体やあるいは共同体の成員への変容が引き起こされます。

礼によって、初めて神や祖霊とコミュニケーションができるんです。で、霊とコミュニケーションができるくらいなら人間相手でもできるんじゃない？　として応用されたのが、いわゆる礼儀作法の礼です。たとえば、今そこに座っている編集者さんに「あそこにあるカバンを取っていただけますか」と礼儀正しく言うと「はい」と言ってここまで持って来てくれるでしょう。僕が発したのは、ほんのひとことで、使ったエネルギーもちょっとだけ。ところが編集者さんは、あそこまで移動して、重いカバンを持ち上げ、さらにはそれを持ってここまで来るということをしてくれます。彼我のエネルギーの差は歴然です。ほんの小さなエネルギーで人を動かす、これが人間への礼の応用の基本的な考え方です。

しかし、礼の基本はやはり神霊や祖霊という、この世ならざるものを呼びたいという欲求を実現するものです。

そして、礼をさらに効率的にするものに「楽」、つまり音楽があります。楽には歌も舞も含まれますから、歌や舞などの「楽」と、儀礼の正しい手順と供物や酒、さらには香りや光などを含む「礼」が相俟《あいま》って変容が引き起こされるんです。で、その変容が起こらないと、共同体も個人も疲弊してしまいます。

内田　なるほど、楽は礼が正しく行なわれるための装置というわけですね。だから、礼楽と二つが続いているんだ。

安田　そうですね。「礼」とは、死者や祖霊と出会う旅のことなんです。

内田　鬼神を祀る、天神地祇《てんじんちぎ》を鎮《しず》める、それが君子の教養の第一なんですよね。

六芸とリベラルアーツ

内田　六芸は現代においても、かたちを変えながら継続されてきたんじゃないかと思います。

安田　ほう、それは何でしょう。

内田　僕は神戸女学院大学というリベラルアーツカレッジで教師をやってきたでしょう。

安田　はい。

内田　リベラルアーツカレッジにおいては、「リベラルアーツとは何か」というのが、永遠の問いになるわけです。変な話ですけれど、「この学校はリベラルアーツカレッジである」ということについては全教職員の間に合意が存在するんですけれど、では「リベラルアーツとは何か？」という話になると、意見がさっぱりまとまらない（笑）。不思議でしょ。最初のうちは「建学の精神を教育プログラムとして言語化できないなんてダメじゃん」と思っていたんですけれど、長くいると、いや、そうでもないと思うようになった。リベラルアーツは一意的に定義できないほうがいいんじゃないかと思うようになった。ふつうはヨーロッパ中世にできた自由七科（文法、修辞学、弁証法、算術、幾何、天文学、音楽）をリベラルアーツだという解釈をする人が多いんですけれど、僕は孔子の「六芸」のほうが日本人にとってはずっとリベラルアーツの本旨に近いんじゃないかと思ったんです。

安田　それはどうしてですか。

内田　だって、六芸って、目的がはっきりしているじゃないですか。「意を通じ難い他者といかにしてコミュニケーションを成り立たせるか」ということなわけですから。他者は完全に厄介《やっかい》払いすることもできないし、完全に受容することもできない。それとどう折り合いをつけるかという実践的な技術が孔子のいう「六芸」でしょ。

安田　しかも、その他者には、存在しない他者も含まれるわけですよね。これは大事なところです。

内田　そうです、他者には死者が含まれる。含まれるどころか、他者のほとんどは死者だと言ってもいい。死者たちと関わる方法、それがリベラルアーツの一番のかんどころじゃないか。

神戸女学院はご存じの通り、プロテスタントのミッションスクールです。明治の初年に、キリシタン禁令の高札が下ろされたと同時にアメリカから二人の女性宣教師が神戸にやってきて、小さな学塾を開いた。そこでキリスト教とか歴史とか英語とかを教えた。そこには明治の日本社会にとって功利的に有用な学術的知識はほとんど何もないわけです。そもそも社会的ニーズに応えて開学されたわけではないんですから。キリスト教は直前まで禁止されていたわけですから、ミッションスクールへのニーズは「ゼロ以下」だった。でも、「教えたいことがある」という人がいて、「あそこに行って学びたい」という子どもがいて、七人の生徒で神戸女学院は始まった。

では、この学校の存在理由とは何だったのか。創立百何十年かを経て、多くの有為《ゆうい》の人を世に送り出した実績から見ると、たしかに教育事業としては成功した。でも、いったい何に成功したのか、そもそもそのような成功をめざしてこの学校は開かれたのか。たとえば、今だったら、TOEICのスコアがいいとか、就職率が高いとか、博士号取得者が多いとか、会社の社長が何人いるかとか、そういう数値的な成果で教育のアウトカムは考量可能だと信じられている。でも、明治八年に神戸で開学したときに、英語教育やキリスト教教育にはいかなる実学的意味もなかった。むしろ、その時代における実学的知識とはほとんど無縁の教科だった。その時代のドミナントな社会観からはまったく評価されない知識や技術を教える場所だからこそ「こういう学校で学びたい」という一握りの子どもたちを惹《ひ》きつけた。僕はそれが学校の本来のあり方だと思うんです。

学校の存在理由の一つは、そのときどきの支配的なイデオロギーや価値観とは違う「特異点」であることだと僕は思っています。小さい穴から、閉じられた部屋に新鮮な空気が流れ込むように、その特異点から吹き込まれる「ここことは違う場所からの空気」を求めて集まってくる人が必ずいる。そこで何かが始まる。そこを起点として、社会全体を活気づけるような運動が始まる。

「リベラルアーツの有用性」を現代社会が採用している現世的価値基準で計量しようとすると、たぶん有用性は「ない」という結論が出ると思います。むしろ、リベラルアーツの有効性は、僕たちが手元に持っている価値の度量衡を以てしては考量し得ぬものであるし、そうであるべきだと思う。あらゆる社会はその内部に「外部に通じる小さな開口部」を持っていなければならない。それは共同体が生きてゆくためにどうしても必要なものだと思うんです。そして、この「開口部」であることがリベラルアーツのリベラルアーツたる所以だと僕は思います。「外部と通じる回路」ですから、その有用性について「世界内部的な言語」で一意的に説明することはできるはずがない。

安田　なるほど。確かにそうですね。

孔子は見ていた

内田　白川静先生の本を読んでいると、「この人は絶対に見てるな……」と思わずにはいられませんね。白川先生にはそういう超人的な幻視能力がありますよ。漢字が呪力を持っているという話をよくされますけれど、「目」の説明のところで、瞼《まぶた》に呪術的な装飾をする話が出てきますよね。

安田　「眉」という字ですね。

内田　そうそう。古代人は目の呪力を高めるために目の上に飾りをつけた。三〇〇〇人の巫女を戦闘に際して最前線に並べて、目から呪力を出して敵を呪《のろ》い殺したというような記述があります。たぶん、中国古代史の専門家が読んだら「あんた、いったい何の文献的根拠があって、そんなことを断言するのか！」と言うと思うんです。でも、僕はそんなふうに書かれると、その風景がありありと浮かんでくるんですよね。僕は白川先生は「見た」んだと思う。白川先生は、漢字を見ているだけで、その文字が成立した太古の時点の風景や音声や手触りまで想像的に幻視できる超能力者だったんじゃないですか。

安田　そういうことでいうと、孔子も「見える」人だったのではないかと思うんです。『論語』の中に、とても不思議な章があります。微子《びし》第十八の九という、通常ほとんど無視されている章句ですが、さまざまな楽師の名前が出てきて、この人は楚《そ》の国へ行った、この人は蔡《さい》の国に行った、この人は河に入った、この人は海に入ったと、彼らが散り散りになっていったということだけが書いてあります。

内田　音楽家たちが散り散りになった。

安田　そうです。そのうちの海に入った一人が、「襄《じょう》」という名前なのですが、『史記』の『孔子世家《せいか》』の中で、孔子がこの「襄」という人物らしき人から琴を習うという記述があります。ある曲を孔子が稽古をしていて、もう十分に弾けるようになったので、襄が「もうそれでいいですよ」と言います。すると孔子は、「まだこの作曲家が見えません」というようなことを言い出すんです。そして琴を弾くその顔つきが急に変わってくる。顔が長くなり黒くなるんです。

襄が「どうした」と聞くと、孔子は「今、その人が見えた。目が羊のようであり（遠望するという説も）、顔は黒くて長くて……」というようなことを言い始める。そして「これは周の文王《ぶんおう》をおいて他にない」と続けるんですね。

内田　おお、身体変容ですね。

安田　そう、身体変容です。顔が変わっちゃう。孔子は見える人でもあり、そして変容する人でもありました。

内田　孔子みたいに断定する人は、合理的に推論しているわけではないですよね。「見てきた」から「こうだよ」と断定できる。『論語』の政治的目標は周公の徳治をどのように孔子の時代に生かすかということですけれど、周公は孔子より五〇〇年も前の人で、孔子の生きていた頃の魯《ろ》の国には、もう周公の事跡は伝わっていなかった。ろくに文献も残っていなくて、口伝《くでん》が断片的に残っているだけだったその周公の治世という「失われた黄金時代」をもう一度という孔子のアイディアが説得力を持つためには、本当に「見てきたような」作話能力が必要だったと思うんです。孔子にはそれができた。孔子には周公がリアルに見えていたんだと思う。徳ある統治者なんか先行事例はいくらでもあるじゃないですか。その中から、なぜあえて周公を選んだのか。これは孔子が周公を幻視したからだと思います。

安田　絶対そうだと思います。孔子は見えたに違いないし、ときどき周公になっていたのかも（笑）。

周公というのは中国におけるイエス的な存在なんじゃないかと思うのです。周公は、今お話しした、孔子が変容した文王の子です。その文王の遺業をついで殷（商）帝国を倒し、周王朝を建てたのは武王《ぶおう》ですが、その弟です。

殷帝国と周王朝の思想的な最大の違いは、超越存在の違いです。殷帝国の超越存在は「帝」、上帝です。「帝」という漢字は生贄台の大なるものの象形ですから、上帝に祈るときには最大・最高の生贄である人間を必要としました。実際、殷の時代の甲骨文には数百人の生贄が供されていることなどが書かれています。それに対して周王朝の超越存在は「天」です。天というのは空《そら》ではありません。天の金文の字体（）は人間の頭部が強調された形で、超越存在が人間の中に入ってきたということを意味します。神は中空にもいるが、我がうちにも宿る。それが周の「天」の概念。これって全然違うでしょ。むろん、超越存在である「天」と一体化するのは誰にでもできることではなく、そのための技法が六芸なのですが、しかし「帝」から「天」への変化を作り出したのが周公だと思うのです。

周公はこれを作り出すために、自分が最後の生贄になり、一度死に、そしてよみがえった。そのエピソードを書くのが『尚書《しょうしょ》』の「金縢書《きんとう》」です。

内田　どんなエピソードなんですか。

安田　周が殷を倒した二年後に建国の王、武王が死の病にかかってしまいました。殷を倒したとはいえ、殷は強大な帝国だったので、その遺臣やら、殷を慕う人たちやらが多くて、ちょっと油断をすると新興の周王朝などはあっけなくつぶされてしまう、そんな危機的な状況にあります。家康が江戸幕府を開いてすぐのようなイメージです。まさに薄氷を踏むような日々が続いているわけです。そんなときの病です。危険です。建国の功臣で太《たい》公望《こうぼう》と召公奭《しょうこうせき》は「王のために穆卜《ぼくぼく》しよう」と言います。「穆卜」というのは字義通り読めば「穆《つつし》んで卜《ぼく》（甲骨占い）をする」という意味ですが、加藤常賢《じょうけん》氏は、これは「自らが犠牲となる卜だ」と書かれています。死のうとするこの二人を周公は止め、自分が代わりに「穆卜」をしようと言い出すのです。しかし、周公は「穆卜」だけでなく言葉による祈り、「祝詞《のりと》」も奏します。この祝詞を奏するというのが、今までの「穆卜」と違うところです。そして、その祝詞を金縢の匱《ひつ》に納めました。金縢の匱とは、秘密の書を誰にも見られないようにと金によって封じた箱です。聖櫃《せいひつ》ですね。

これは自分が最後の「穆卜」、すなわち最後の祈りの生贄になるから、これで穆卜は終わりにし、これから後は言葉による祈りをせよ、ということを意味します。実際にこのあと「穆卜」の禁止令が出て、周公以降、穆卜はなくなります。これはイエスの死が「贖《あがな》いの大いなる最後の犠牲」となったことに似ています。

そしてその翌日、武王の病は癒《い》えたとあるので、「穆卜」ならば当然、周公は死んだはずです。ところがそれからも周公は活躍をします。これは周公が一度死んで復活したということを意味するのではないでしょうか。

「存在しない存在」を呼ぶ装置

安田　「禽簋《きんき》」と呼ばれる青銅器の銘文があって、それに周公と、その子の伯禽《はくきん》の名前が見えます。

内田　これは周公の時代に作られたものなのですか。

安田　はい。周公が生きていた同時代の青銅器です。そんな時代のものが発掘されているんです。孔子が見ていたら興奮していたでしょうね。この銘文には王が楚公を討ったあとに周公と子の伯禽が宗教儀礼をしたさまが書かれています。周公がしたのは「某」、そして伯禽のしたのは「」です。伯禽のした「」は金文の形を見ると、供物を捧げる行為だと思われます。「礼」ですね。一方、周公がした「某」ですが、これは現代の漢字にすれば「謀」です。当時はまだ「謀」という漢字がなくて、「某」が「謀」の意味を表わしていました。

「謀」という字は、今は謀略などという悪い意味で使われていますが、もともとは木の上に「曰」を置く形で、白川静氏はこの「曰」を「神に祝禱《しゆくとう》する祝詞を入れる器」だといっています。まさに周公の金縢です。春秋時代の歴史を記した『国語《こくご》』という本にも「謀」というのは「事を諮《はか》ることだ」とありますので、神に諮問《しもん》するのが「謀」、周公は神霊に諮問する人だったのです。問いをするというのは重要な行為で、殷の時代の甲骨文では王が占いをする際に、問いを発するのを専門にする「貞人（貞《と》う人）」と呼ばれる人がいますし、『古事記』でいえば神功皇后の占いの場にいる審神《さにわ》である武内宿禰《たけのうちのすくね》のような存在がそれです。

先ほどお話しした周原の甲骨文には、周公が「貞《てい》した」ということが刻されているものも見つかっているので、周公もそのような役割をしていた、神と人とを繋ぐ人だったということは確実でしょう。

で、この「某」の字の上の部分の「曰」を「白」に変えて、木の周りにデンデン太鼓のようなふり太鼓のふり撥《ばち》をつけると、この字になります。

これが「樂（楽）」の字です。ちなみに「白」というのは人の頭蓋骨です。たとえば殺した英雄の頭蓋骨に、彼の皮を張ってその太鼓を打つ。すると、その英雄の霊がやってきて、その太鼓を打つ楽師やその場にいる王などに英雄霊が感染します。「楽」というのは「存在しない存在」を呼ぶ装置ですが、ただ呼ぶのではなく、人間の身体に「存在しない存在」を依《よ》り憑《つ》かせる方法なんです。

殷では殺戮《さつりく》と生贄を使った方法で、神霊や祖霊と交信していたのですが、それを周公は「某」、すなわち祝詞という言葉を使っての行為による交信に変えたのです。それが『尚書』の金縢篇の示唆することだと思うのですが、しかしそれでも殷の「楽」は今の音楽という概念では計り知れない力を持っていたはずです。殷の時代にはまだ「心」という文字ができていません。「心」がない時代の「楽」ですから、完全に「存在しないもの」と一体化し得る「楽」なのです。

内田　心がないということは、自分の中にアイデンティティがないということですね。

安田　そうです。自分のアイデンティティがないわけですから、いかなるものにも変容できます。そんなすごい楽を殷は持っていました。

孔子が求め歩いたもの

安田　それで思い出されるのが、さきほどお話しした（106頁）、いろいろな楽師がいろいろな地域に散らばっていったという『論語』の中の不思議な章です。殷はもうダメだと悟った殷の楽師たちは亡命しようとするのですが、そのときに祭司の楽器、すなわち「楽」を持って周に亡命します。「楽」は亡命しようとする際には最大の土産になるんです。冷戦時代の話ですが、旧ソ連から現役将校がミグ戦闘機を持って日本に亡命しようとしたことがあったでしょう。

内田　ありましたね。

安田　あのときにミグを操縦してきたベレンコ中尉が「この機体のデータをアメリカの情報機関に渡すため」と話していたらしいのです。ミグの機体情報よりもすごい秘密を「楽」は持っていました。非在の霊性を依り憑かせることができる装置なわけですから。そして、それを周が一度は引き継いだのですが、その危険性にも気づいて、これは使わないほうがいいと思った。たぶん周公がね。これは家康の戦略を思い出させます。信長も秀吉も、そして当の家康も鉄砲によってそれまでの戦争を一変させたのに、江戸の治世からは鉄砲を遠ざけたようなものです。強力すぎるものは、わが身を滅ぼす危険すらあるのです。ですから周公としては本当は「楽」そのものを消去したかった。でも、あまりにももったいないので、原爆や水爆の設計図を細かく刻んで分散するように、殷の楽師を諸国に分散させた。これは斉《せい》の国におこう、これは蔡の国へおこう、これは魯の国におこう、あるいはこれは海の外に出そうというようにしたんじゃないかと思うんです。

内田　なるほど。一カ所にまとめないようにしよう、と。

安田　ええ。危険ですから。それで彼らがどこに散らばっているか、本当は誰も知らないはずなのですが、孔子はその秘伝をどういうわけか手に入れた。そのメモが『論語』の先ほどのあの章だと思うんです。そして、ひょっとしたら孔子の放浪はこれを探し回る旅ではなかったのかと、僕は思うんです。

内田　おお、なるほど。離散した殷の音楽を探し回った。

安田　そうです。孔子は「衛《えい》の国から祖国である魯に帰って来てから、魯の楽が正しくなり、雅《が》と頌《しょう》も各々その所を得た」などとも言っています。また、斉の国で楽のすごさに驚嘆したのが述而第七の十三で、そこには「子、斉にありて、韶《しょう》を聞くこと三月、肉の味を知らず」と書いています。斉の国というのは太公望が封じられた国なので、そりゃあ、すごい楽が伝えられていたと思うのです。ですからこれは、音楽を聴いて「すっかり感動して肉の旨《うま》さも解せなかった」と解釈できますが、実は音楽を聴いたことで本当に感覚がなくなるほど自分が変容してしまったのだと思います。

「楽」の威力

安田　楽の威力について示す例として五経の一つの『春秋』の一つ、『春秋左氏伝《しゅんじゅうさしでん》』には、「桑林《そうりん》の舞」のエピソードが出ています。ここに引用してみますと……。

〈時は春秋時代、紀元前五六三年。
宋《そう》の平公《へいこう》が、晋侯《しんこう》を饗応するに際し、「桑林の舞」を奏したいと申し出た。宋は前代の王朝、殷の末裔《まつえい》だ。

晋侯の重臣の一人はこれを辞退すべきだと侯を諌《いさ》めるが、ほかの凡庸な二人の重臣は、せっかくだから見るべきだという。

桑林の舞とは、聖王と呼ばれた殷の湯王《とうおう》が伝えた雨乞《あまご》いの舞だ。桑林は伝説の舞で、これを伝えるのは宋一国であり、しかも見る機会などはめったにない。

そんな舞だ。ぜひ見るべきだという意見に従い、晋侯はこれを受けることにした。

桑林の舞楽が始まる。

最初に楽人たちが登場してきた。その列の先頭には、楽師が旌旗《せいき》を立てて現われた。晋侯は驚いた。そして、すぐに脇の部屋に引き下がったのだが、その帰路に重い病を得た〉

桑林の舞を作った殷の湯王とは、殷一族の中興《ちゅうこう》の祖《そ》で殷帝国の創始者です。桑林の舞というのは、人を殺す力を持ったほどの舞といわれています。包丁の名前になった庖丁《ほうてい》が牛をさばく様は、まるで桑林の舞の様であった。彼の牛刀は、何十年も使っているが一つも錆《さび》がない。なぜかというと、肉と肉の間には、必ず隙間《すきま》がある。その隙間に刀が入れば、何も触らなくても　牛を解体することができる。その様が桑林の舞のようであったという描写が『荘子』にあります。宋の国の桑林の舞だけでもこんなに強力なのに、諸国に分散した楽が一挙に集まったときには、何かとてつもない力を発揮する、そんな「楽」が生じるのではないでしょうか。

内田　「楽」というのは、音楽だけでなくて、舞の身体技法も含んでいるものですね。

安田　そうです、身体技法が重要なんですね。

内田　心がなかった時代の「楽」だから、共感性が高いんだ。

安田　そうですね、異常にね。すぐに感染してしまう。

内田　前に比叡山の根本中堂《こんぽんちゅうどう》で『三番叟《さんばそう》』を聴いたことがありました。そのときに、これはずいぶん太古的な起源を持つ音楽だなと思いました。同じメロディが延々と繰り返されるんですけれど、聴いているうちに、見所《けんじょ》の観客もトランス状態に入って、自我が解体していくような崩壊感覚に襲われる。時間の概念も、空間認知もあいまいになってきて。たぶん、あれがさらに何時間も続くと、周りの人たちとの差異も融解して、どろどろした一体物になっていきそうでした。なんだか麻薬的な音楽ですよね。

安田　そうですね。三番叟は、少なくとも能以前の音楽だといわれています。

内田　三番叟で狂言師は「キーー！」と叫びながら、跳び上がりますけれど、あれは猿の動きを模倣しているんじゃないですか。

安田　おそらく「キー」と言ってはいないと思うのですが（笑）。でも、そう聞こえるということは面白いですね。「猿楽」という言葉にも繋《つな》がるような気がします。

　実は能の舞は、もともとは舞の寸法が決まってなかったようなのです。今は、何巡で初段が終わるといった決まり事がありますが、かつては、観客の自我もなくなり、演者の自我もなくなるまで、延々と舞っていました。今は、危険だからか、何巡と決めていますが。

内田　はあ、まさに共感性ですね。孔子の放浪の旅もそういう遊行の芸能とどこかで繋がっているんでしょうね。孔子は巷間《こうかん》言われるような道徳的に範例的な人物であったのではなく、六芸という「異界とのコミュニケーション技術」の奥義《おうぎ》を求めて旅する人であった。

陰陽を整える

安田　そうですね。世の中を治めるためには、下手に政治に関わるよりも、自分の陰陽を整えながら、石舞台で雨乞いの舞をするほうがいいと思っていたようですから。
内田　儒《じゅ》というのは発生的には雨乞いの巫術《ふじゅつ》者だったんでしょ。
安田　そうですね。「儒」とは、人偏に「需」ですが、需というのは雨を求めるという意味ですから。

内田　「雨を求める」というのは、シャーマニズムの中でも、かなり太古的なタイプのものなんですか。

安田　そうでしょうね。先にもお話ししましたが、桑林の舞を作った殷の湯王は、雨乞いの名人。桑林の舞というのは、元々、雨乞いの舞として使われていました。つまり、儒は殷を継《つ》いでいる。孔子自身も殷の末裔である宋人の子孫だと言っていますし。

内田　雨乞いなんて人間にできるはずがないと現代人は思っていますけれど、雨を降らすことのできる呪術者というのは世界中に「そういう人がいた」という伝承があるわけですから、僕はほんとうにいたんだと思う。現実、中世のある時点まで、雨乞いはかなりの確率で実際に成功していたと思うんです。高度な呪術力を持っている呪術師であれば、雲を呼び寄せ、雨を降らせることができた。安田さんはどう思われますか。

安田　もちろんできると思います。中国に宣教に行っていたドイツ人、リヒャルト・ヴィルヘルムが、彼が体験した中国の雨乞いについて書いています。ヴィルヘルムは一人の中国人もキリスト教に改宗させなかったことが自分の自慢だというような変わった宣教師で、『易経』のドイツ語訳もしています。ちなみにその序文を書いたのがユングです。彼が滞在していた村がひどい旱魃《かんばつ》になったときに、雨乞い師が呼ばれたそうなのです。その雨乞い師は、村に入ると、ちょっとイヤな顔をして、村の外れに小屋を建てさせ、食事もそこに運ばせ一人で食べました。すると数日後に雨どころか、その時季には降るはずのない雹《ひょう》まで降ってきた。村人が「何をしたのか」と尋ねると「何もしない」という。「ただ、この村の道《タオ》が狂っていたので、小屋の中で自分の中の道を整えていた。すると降るべき雨ならば降る」といったということなのです。

これは能の舞と同じ効果ですね。雨乞いをするとき、雨が欲しいと思っていると雨は降らない。ところが、ある型をして、ある舞をすると、雨が降る。これは、意思とは関係がないと思います。能の舞は陰陽を整える舞なので、崩れている陰陽のバランスを整える力があります。そういう意味でも、現代において礼楽の伝統を最も色濃く残しているのは能のような気がします。

そしてむろん、孔子一門である「儒」の人たちも同じ役割を持っていたのでしょう。『論語』の中にも彼らが雨乞いの舞をしたと思われる「舞雩《ぶう》」と呼ばれる場所が登場します。そこで舞を舞うと、舞っている人の陰陽のバランスが整う。それが天に感染して、狂っている陰陽が整ってくる。そうすると、雨が必要ならば雨が降るのです。

儒において、楽や礼やひいては舞が大事なのは、自然に自分の中の陰陽を整えていくことができるものとしての「楽」であり、「礼」であるということ。その人が特に祖霊と繋がっているならば、自分の陰陽を整えることで祖霊の陰陽も整えることができる。つまり、自分の陰陽を整えることで、それに天が感応して、雨が降ったり、豊作になったりするのではないかと思うんです。

内田 雨を降らせるのが、自然界の中で人間がコントロールできる事象のうちで一番簡単なことだったという解釈はありですかね。

安田 ああ、そうですね。晴らすことは難しい。

内田 どんなに晴れわたった空でも、どこかに雲の一切れくらいは浮いている。それを招き寄せれば、短時間に局地的に雨を降らせることって、なんとなくできそうな気がする。

安田 できるでしょうね（笑）。僕はすごい雨男なんです。

内田 僕も恐怖の雨男ですから（笑）。僕が合気道のイベントに行くと必ず雨が降るんです。合気道に関わることをやると、必ず雨が降る。合宿のときはどんなに晴れ渡っていても、体育館に入って呼吸法を始めると、まず間違いなく雨が降ってくる。必ず降るのです。

安田 やっぱり陰陽の「気が合う」、合気道なんですね。

内田 そうなんです。たぶん陰陽の気が整ってくるからですよ。東大の気錬会の合気道演武会が毎年五月祭のときにあるんです。いつ行っても雨なんです。靴脱ぐのもたいへんだし、傘を置くところもないし、すごく不便なので、気錬会の連中に「君たちの演武会はいつ来ても雨だね」と文句を言ったら、一斉に「内田先生が来るからです！」と叱《しか》られちゃった。僕が行かない年は晴れてるんですって（笑）。でも、こういうのはエビデンスがないですから。

安田 そうですね。でもエビデンスで不思議なのは、ではこれを統計にとってみようという話になると、統計が嘘つきますよね。わざと雨降らせなくしたり（笑）。

内田 統計が嘘をつくんですか（笑）。

安田 エビデンスを取らせないようにしようとする（笑）。

内田 孔子を読むなら、まず儒者という職業は実在したし、現に「雨乞い」として機能していたのだという前提がないと始まらないと思うんです。『論語』は古代人の経験を踏まえた実証的で具体的な技術書なんであって、それを抽象的で道徳的な教訓だと思って読むからつまらなくなってしまう。

安田 そして、論語に書いてある礼や楽に関する技術は危険であり、だからこそごく一部の人にしか知らせることのない秘伝だった。すごいマニュアルですよね、きっと。ただ孔子がこれを書いても安心だと思ったのは、そこに行くだけでは出会えないからではないでしょうか。出会える人しか出会えないし、聞いても聞けない人はいっぱいいる。

内田　なるほどね。海に入った人もいますから、その時点で欠けてしまった。仮にすべてを統合できたら、殷の音楽が再現できたわけですけれど、いったいどんな音楽だったんでしょうね。

消えた「楽」

安田　もうこれは想像を絶する音楽だったのでしょうね。少なくとも人間の感覚器官をすべて変えてしまう音楽だった。音楽によって当然、幻影も見えたでしょうね。能の舞台のシンプルさは、お客さんの幻影に依存していますし、現代でも能の舞台で「見えた」という人がいたりしますから。また、先ほどの韶の楽の「肉の味がしない」というのは、本当に肉の味がしなかったのであって、比喩《ひゆ》ではない。それが三カ月も続くという。これは危険ですよ。散り散りになった楽の部品のたった一つでそうなってしまうわけですから。
内田　肉の味がしない代わりに、何か別のものの味がしたのでしょうか。
安田　そうかもしれないですね（笑）。
内田　そのときにしか味わえない、何か別の味がしたんでしょうね。それが、脳の中の味覚を感じる機能を抑制してしまった……。

安田　孔子がびっくりしたのはこれですね。「図らざりき」（述而第七の十三）と言っています。

内田　孔子ですらまったく気がつかなかった。

安田　度肝《どぎも》を抜かれたんでしょうね。いよいよどんな音楽か知りたくなった。

内田　知りたくなりますよね。秦《しん》の焚書坑儒《ふんしょこうじゅ》で、六芸が五経になりましたでしょ。五経で消えたのが「楽」だといわれています。「楽」は、まったく存在しなくなった。存在させてはいけないと始皇帝《しこうてい》が決断した。それを考えても、よほど強力な経典だったのでしょう。

安田　秦の始皇帝は、道徳律で反応するような人じゃないですからね。具体的に危険な書物だったということなんでしょうね。

内田　楽師の二人が海に入ったとありますが、斉の国から海に入れば日本ですから、ひょっとして猿田彦《さるたひこ》やアメノウズメノミコトなどは彼らの子孫ではないかなどと妄想は膨《ふく》らみますね（笑）。あくまでも妄想ですが。

嘯《うそぶ》く・笑う・震える

安田　「嘯く」というときに使う「嘯」という文字があるでしょう。あれはどういう音なんだろうと気になっていたんですが、あれは「しゅっ」という激しい擦過音であって、それが破邪顕正《はじゃけんしょう》の力を持っていると諸星大二郎の本かどこかで読んだ記憶があるんですけど。

安田　能管（能楽で使う笛）の音はまさにそれかもしれませんね。感覚の境を破る音。

内田　音を使って相手を呪縛したり、感覚を混乱させたりすることは、よくあるんですよね。笑いにはあきらかに呪力があると信じられていますね。水戸黄門も桃太郎侍も鞍馬天狗《くらまてんぐ》も七色仮面《なないろかめん》も、みんな悪漢の前に登場してくるときに「わっはっはっは」と呵々大笑《かかたいしょう》するでしょう。あれ、「わあ、愉快だな」と喜んで笑っているはずないですよね。これから悪漢と戦う修羅場《しゅらば》になるわけですから。笑いには邪悪なものを追い払う力があるという信憑がないと、ああいうことは起こらないですよね。

安田　柳田國男《やなぎたくにお》は『笑の本願』の中で、「笑う」の語源は「割る」だと書いていますね。『古事記』では「わらう」に「咲」の字をあてます。今の膠着《こうちゃく》状況を一瞬にして打破し、それによって何かが開いて、秘された内部が見える。アメノウズメノミコトが天の岩戸《あまのいわと》を開いて天照大神《あまてらすおおみかみ》を引き出すのも、その舞踊によって巻き起こった笑いのためですから。

内田　なるほど。僕の勝手な想像なんですが、「笑う」という身体運用を人類が獲得したのはかなり後になってからではないかと思うんです。クロマニョン人かどこかの段階で、笑いの効用に気づいた人がいた。おおこれはすごいぞ、と。笑うことでまず身体に現われるのは強い震動ですけれど、あれは一度震動し始めると簡単に止めることができない。それを自分で始めたり、止めたり制御するというのは、だからかなり高度な身体運用なんだと思います。その場にいる複数の人間たちがその震動数を同期させると、そこに「共身体」のようなものが成り立つ。笑いは「楽」と同じように、同一の震動の中に複数の人々を巻き込むことができる。これは人類が見出した「共身体形成戦略」の一種ではないかというのが僕の持論なんです。爪も牙もない、個体としてはかなりひ弱な人類が他の動物との生存競争に勝ち残り、地上の食物連鎖の頂点に立ったのは、共身体を形成して、集団で「狩り」をすることができたからだと思いますけれど、その共身体形成のために有用な身体技術を古代から人間たちはさまざまに開発してきた。「共振」というのはその一つだと思います。

「武者震《むしゃぶる》い」というのがありますよね。ふつう、それを「さあ、これから戦闘だ」というときに、緊張や恐怖で身体が震えることだと思われていますけれど、多田宏《ただひろし》先生によるとそうではないらしい。戦いを前に集まったとき、指揮官である将がまず身体を震わせる。すると、その震動に隣接する将兵が共鳴して、同心円的に震動の輪が拡がってゆく。甲《かっ》冑《ちゅう》には小さな金属片が無数に縫い付けてありますけれど、あれが鳴るんだそうです。だから、何千人もの武者が武者震いをすると、戦場全体に「ざざざざざ」と金属片の触れ合う音が拡がる。何万騎というような軍勢が揃って、一斉に武者震いしたときは、たぶん大地を聾《ろう》するような震動音が鳴り響いたんだと思いますよ。

騎馬武者たちは部隊ごとにお揃いの甲冑を着て、同じ旗指物を立てて、同じ速度で馬を走らせる。そのためにも、戦闘に入る前に、まず全員の身体震動数を一致させた状態を作り上げたんじゃないかと思います。そうやってあたかも一個の生き物のようになった軍勢が戦場を縦横に走り回った。そう考えるほうが、リアリティがある。現在のように通信機器がある時代じゃないですから、細かい用兵をいちいち伝令で指示して動かすような軍団では、阿吽《あうん》の呼吸で数千騎が一つの身体のように一斉に動く戦隊には勝てるはずがない。

安田　本当にそうですね。金属や革製の小板を一枚ずつ紐《ひも》で綴《つづ》り合わせている。

内田　防御のためだけなら、一枚板のほうが強度が出そうな気がしますけど、わざわざあんなふうに作り込んでいるのは、わずかな振動を増幅するため一種の楽器としても機能していたからではないでしょうか。

安田　それこそ戦いの場に楽は欠かせませんから。

内田　そうそう。ほら貝があって、打楽器がないはずないですよ（笑）。

「御」と「射」

安田 さて、存在しない者に対する関わり方というのが、論語の中で最も重要なテーマですが、言語を介しないものも含まれますね。

内田 さっき少し話した「射」と「御」ですね。多田先生は日置流《へきりゅう》竹林派《ちくりんは》蕃派《ばんぱ》という弓の流儀の宗家を継がれていて、小さい頃から弓の練習をされていた。ですから、先生からは「射」についてはいろいろ興味深いお話をうかがいました。一つは先ほども言いましたけれど、「的は襲ってこない」ということ。的は敵じゃない。だから、敵が襲ってくるのをどうさばいて、どう反撃するかという通常の対敵動作の設定がない。だから、自分の身体を徹底的にモニターする稽古ができる。弓が自然のエネルギーを通過させて発動するための装置だとすれば、人間の身体がすることはまず第一にエネルギーの良導体《りょうどうたい》になることでしょう。だから、エネルギーの流れを妨げる抵抗を一つ一つ解除してゆく。関節の詰まりや、筋肉の力みや、心の乱れはすべてエネルギーが通過するときの抵抗として働き、弓矢の動きに干渉する。だから、身体がまったく弓矢の働きに干渉しないような状態を作る。たぶん、それが弓の身体技法の最初の技術的課題ではないかと思います。最初は足の位置とか、目付《めつけ》とか、肘《ひじ》の張りとか、そういうところをチェックして、そのうちチェックポイントがどんどん増えて、それが十になり、百になり、千になり、万になり……それがさらに細胞レベル、分子レベルにまで深まる。そうなってくると、このときスキャンしているものは、もう「私の身体」というようなものではなくなってしまう。

たとえば、僕が血を流していたとき「その血はあなたの身体ですか？」と訊《き》かれたらなんとなく身体の一部のような気がする。でも、その血を採取して成分分析をしたあとに「このヘモグロビンはあなたの身体か？」と訊かれると、ちょっと分からなくなる。セルフモニタリングというのは、精度がある段階を過ぎるともう「セルフ」という概念を通り越してしまう。外界に自然があるように、自分の身体の内側にも自然がある。人間の自我や主体性というのは、そのような外的自然と内的自然に挟《はさ》まれた、ほんとうに狭《せま》いエリアにしか棲息《せいそく》できない。人間は「人間的世界の内部には存在しないもの」に文字通り囲まれて生きている。原子とか素粒子とかいうものは物理学的には世界内部に「存在する」のかもしれませんけれど、仮にそれが自分の身体の構成要素であったとしても、人間は個人ではそのようなものを自分の意思で「この原子を、あっちの原子の横に持ってって」というように操作することはできない。その布置の変化が自分にどう影響するのかも分からない。だとすれば、それは「存在しない」と同じことです。そのような「存在しないもの」の無限の広がりの中に人間は細々と暮らしている。でも、人間には「外なる自然」と「内なる自然」を媒介して、その間の気持ちのよい交流の「お邪魔をしない」ことはできる。むしろそれが人間にできる最大の業績なのかもしれない。「射」はたぶんそのような二つの自然を「繋ぐ」ものとしての自分の身体を経験することを意味しているのじゃないでしょうか。

安田　そうですね。

内田　「御」もそうです。この場合相手は馬ですから、これも敵ではなく、野生のエネルギーの豊かな源泉です。馬が発動するエネルギーを、調えられた身体を通して、爆発的に発現してゆく。

安田　六芸を難易度の易しいほうから並べれば、「御」「射」から始まり、最後が「礼」ではないでしょうか。

内田　そうですね。

安田　「礼」と「楽」、「射」と「御」がセットなんですよね。

内田　近代の学校教育にはもう「御」も「射」もないですね。人間世界の「外」との関わり方についての技術知の必要性を現代人はゼロ査定しているから。それより金融商品を巧《たく》みに売り買いしたり、英語でタフなネゴシエーションをしたりする能力のほうを優先的に開発しようとしている。でも、「この世で価値があると思われているもの」に居着いた人間には実は「この世」の構造が分からない。ビジネスマンの九九%は「市場」の意味も「貨幣」の意味も「欲望」の意味も「交換」の意味も知らない。その「中」で生きているだけで、それらが「何であるか」を考えたことがない。それを知るためには「この世ならざる視座」に仮想的に身を移す必要があるんだけれど、そのための訓練を生まれてから一度も受けたことがない。だから、冷血なグローバル企業の経営者がときどき経営方針の適否を訊ねるために宗教家や占い師のところに詣《もう》でるというのは、理屈としては分かるんです。自分たちには「この世の外」との回路とどう繋がるのかやり方が分からない。だから、「分かるよ」と言う人間にすがりつく。

投擲《とうてき》と息のコントロール

安田　「射」といえば、少し前に、子どもたちと「ネガティブハンド」のワークショップをやって気づいたことがありました。

内田　「ネガティブハンド」ってなんですか？

安田　洞窟壁画の時代に現われる描画技法の一種なのですが、口中に顔料を含んでキャンバスとなる壁の前に手を置き、その手に向かって顔料を吹きかけると、抜き型のように手の形状が空白として表わせるのです。洞窟壁画の中でも動物は普通に陽画として描いていますが、なぜ手だけ陰画（ネガ）として表現したのか分かっていません。僕らはただ面白いから子どもたちとわいわいやっていたのですが、そのとき、洞窟壁画を描いた人々が本当に残したかったのは、「手」型ではなかったんじゃないかと思いついた。何を残したかったのかといえば、恐らく「息」なんです。

内田　おおお、これは面白そうな話ですね。

安田　「息」という漢字は、その最初期の形では「心」が入っていないんです。息という字の上の「自」は鼻の象形ですが、そこから空気を表わす三本線が出ているだけ。これに「心」がついて、今の「息」になるのは紀元前一〇〇〇年頃で、時代が殷から周に変わったときです。そのとき人は、自分たちが呼吸をコントロールすることができる特別な存在であるということを意識したんじゃないでしょうか。呼吸のコントロールができる動物って案外少なくて、類でいえば人類と鳥類だけだそうです。ほかの哺乳類の中にもコントロールできる動物はいますが、しかし犬や猫はできません。哺乳類全部ができるわけではないらしいのです。そして、呼吸がコントロールできる人類と鳥類には「歌」があるという共通点があります。そして歌はやがて言葉に昇華します。呼吸のコントロールは歌や言葉を生み出すのですが、同時に「息を合わせる」という技法も手に入れることになります。

その記念碑があのネガティブハンドではないかと思ったのです。

ウィリアム・オールマン『ネアンデルタールの悩み』（青山出版社）によれば、旧人であるネアンデルタールは動物に噛みつかれた歯形が残る骨がたくさん見つかるのだそうですが、現生人類の直接の祖であるクロマニョンになると、それが急に少なくなります。人類はクロマニョンの段階から、猛獣を殺戮できるようになったようです。武器でいえばネアンデルタール人の石器には現代人の技術をもってしても及ばないほどのものがありましたが、しかし彼らは武器を手に持って猛獣に対峙《たいじ》していました。しかし、クロマニョンたちは投槍器や弓矢などの飛び道具を使い、さらには「せーの」で息を合わせることによって同時にそれを獲物《えもの》に当てることができるようになり、猛獣や大型動物たちを狩ることができるようになりました。

クロマニョン人は、結果的にマンモスなどの絶滅や減少を招いて、自ら滅亡したとされていますが、僕たち現生人類にもその呼吸のコントロールは受け継がれて、それがネガティブハンドというアートになったり、あるいは音楽になったりしたのではないでしょうか。

内田　なるほど、「投擲」という概念が成立するためには、手から離れたものがそこに届くというプロセスを一望俯瞰する想像的視座に立たないといけない。そうしないと、「投擲とその成果」という理解は成り立たないですものね。これは彼らにとってはコスモロジーの変換だったんでしょうね。身体編成をその時間的・空間的な延長の中でとらえなおしたわけですから。

日本にある「うた」の力

内田　『論語』で分かりましたけど、昔の文献の読み直しは面白いですね。

安田　はい。「楽」は日本では「うた」として発展しました。「うた」も呼吸のコントロールと関係しますでしょ。そして、呼吸のコントロールは狩猟だけでなく、農業でも大切です。たとえば、ここを農地にしたい。でも、大きな石があって邪魔。これを除こうとするには、やはりみんなで息を合わせて「せーの」ができなければなりません。となると、息が合わせることが大事なのですが、しかしたまに合わせることができない人がいる。そういう人ばかりだと共同体の危機です。ですから息を合わせることができる人の血をできるだけ残したい。息を合わせる能力、すなわち呼吸のコントロール能力を知るには「うた」が一番いいのです。ですから昔は恋愛は歌のやり取りから始まりましたでしょ。平安時代くらいになると文字が上手だとかなんとかいっていますが、しかし歌垣《うたがき》の伝統もあるように本来はいい声で、歌がうまいことが結婚のための必須条件でした。
日本の古典は天皇家の命令によって編《あ》まれるものは『古事記』だって誦習《しょうしゅう》ですから歌うように語ることですし、あとは『万葉集』以降の歌集。すべて「うた」です。
で、これがみんな危ないんです。『万葉集』の柿本人麻呂《かきのもとのひとまろ》なんかすごく危ないですよ（笑）。たとえば「石見相聞歌《いわみそうもんか》」。まず最初に「石見の海　角《つの》の浦廻《うらみ》を」で入江が出てきます。これは序詞ですが、直観像として見ることもできる。その後に「潟《かた》はなくとも　鯨魚《いさな》取り　海辺を指して　和多津《にきたづ》の」と来て、鯨《くじら》のイメージが出てくる。その鯨を追って海へ出て波に揺られているうちに、「波の共《むた》　か寄りかく寄る　玉藻《たまも》なす　寄り寝し妹《いも》を」。波に揺られている玉藻が、いつの間にか自分の妻になっている。その妻は不在の自分を慕って夏草のようにしおれているだろうと歌い、最後に妻のいる家の門を遥かに眺めたいから「なびけこの山」、山よなびき去れ、と命じる。眼前のイメージがどんどんメタモルフォーゼしていってしまうんです。

内田　共感覚を繋いでゆくんですか。

安田　そうです。

内田　歌の力が強ければ、共感した人たちもその同じイメージを見てしまう。

安田　当時は読むだけでなく、当然声に出して歌ったでしょうから、さらに喚起力は強いはずです。しかも最後に「なびけこの山」。どきっとしたでしょうね。

内田　なるほど。白川静先生によると、中国の古代の詩の中にある「興」という字は、地面にお酒を注ぐことで、天神地祇を呼び覚まし、祝福を願うことを象形しているそうです。それによって山を動かし、大地を揺れ動かすということが可能となるという信憑はたしかに存在したと思います。紅海《こうかい》を渡るモーゼのように、海が裂けるようなところまで行きつく力が少なくとも霊的な目標としてはあったと思います。

安田　「興」は、日本では「枕詞」です。枕詞を発すると、それに引かれてナニモノかが出現します。歌枕もそうですね。そこで歌を詠むとナニモノかが出現する。それが能です。実際、そんなことができた人もうようよいたんでしょうね。なにしろ『古今和歌集』の仮名序《かなじょ》は「力をも入れずして天地を動かし、目に見えぬ鬼神をもあはれと思はせ」が、和歌の存在意義だと書いていますから（笑）。

内田　だから動いた。

安田　そうかもしれませんね。誠に歌の力は恐るべし、ですね。

第三章

身体感覚で考える

——中世の身体技法にあるヒント

脳と身体

内田　精神と身体のデカルト的二元論で近代は来たわけですけれど、ここへ来て脳についての研究が進むにつれて、脳科学を専門とされる人の話と、身体技法を実践している人の言うことが、だんだん似てきましたね。養老孟司《ようろうたけし》さん、茂木健一郎《もぎけんいちろう》さん、池谷裕二《いけがやゆうじ》さんといった脳科学者の人たちのお話をうかがう機会があるので、その方たちの本をけっこう読んでいるんですけれど、脳科学の先端的知見と武道や能楽の経験知はたいへん相性がいいですね。測定機器の性能が上がって、非侵襲的な脳の検査が可能になってから、人間がどういうふうに外界や他者の身体を感知しているか、どういうふうに思考と運動は関わっているのか、いろいろな実験ができるようになった。そこで得られた実験的知見がことごとく身体技法の現場で教えられてきた経験知と一致している。昔の人はちゃんと分かっていたんだなと改めて思うことが多いです。

養老先生は「僕は身体を動かしている人の話しか信用しない」ということをよくおっしゃいます。僕も椅子に座って、デスクの前でただ思念をめぐらせているだけの人の立てる理屈はどうも信用しきれない。なんだか風通しがよくないんです。精密かもしれないけれど、人間はそんなに複雑で精密な推論をするわけじゃない。もっと直観的に正解にぱっとたどりつく。「なんで分かるのか、エビデンスを示せ」と言われたって、「分かるものは、分かる」としか言いようがない。理論というのは、水平面をぐるぐる動き廻るので、どこかで行き詰まってしまう。水平面なので、この先進むと何があるかだいたい分かってしまう。でも、身体実感というのは垂直移動するんです。いきなり別のフロアに移動してしまう。それまで見たことのない風景が出現する。

身体的なブレークスルーというのは、ほとんどの場合、「自分の身体にそんな部位があると知らなかった部位」が「自分の身体にそんなことができると思ってもいなかった動き」をするというかたちで経験されるものです。まったく予見できなかったことがいきなり具体的に経験される。そのとき、「ああ、これが伝書に言う『あれ』なのか」ということが自得される。それまでばらばらに散乱していた身体経験の断片が一気に取りまとまって、一つの「絵柄」が出来上がる。

だから、理論で詰めてくる人の場合でも、彼らにおける知的なブレークスルーは「自分が使ったことのない知性の働き」を使って「自分がそんなことを考えているとは思ってもいなかったアイディア」を発見するというかたちを取るはずなんです。でも、そういうことをめざしている人を間近に見る機会って、まずない。理論の人は、最初に「序論」で全体の構成を予示して、それから計画通りに論証して、最終的に予定通りの結論にたどりつこうとする。でも、序論で全体の構成を先取りしてしまうと、論を進めている最中に垂直移動して、「別の階」に出るということはできない。論文を査定する人たちも、そんなことは要求してないし。むしろ、途中で「別の階」に移動して、「予想もしなかった風景」を記述し始めたりしたら、「論文の体を成していない」とリジェクトされてしまう。だから、「理論の人」の話は、整合的だけれども、さっぱり面白くない。でも、「身体の人」の話は、現場から出て来ているので、実感の裏づけがある。まだ言葉になっていないけれど、「ほら、あれだよ、あれ！」という感じの切迫感がある。それは理論で詰めている限りは出てこないタイプの知見なんです。だから、僕は学術研究もしていたわけですけれど、そのときでも基本的には身体の人だったんです。安田さんも同じタイプだと思いますけれど、「身体から読む」というアプローチについて安田さんはどういうふうにお考えですか。

安田　僕も基本は体を使う人の話のほうを信用します。評論家とか、そういう偉そうに言っている人を見ると「じゃあ、お前やってみろ」と言いたくなります（笑）。それはたぶん勉強を重視しない小さな漁村で育った結果かなとも思います。周りの人はほとんどが漁師で、誰かがちょっと小ざかしいことを言うと「つべこべ言わねえで、やってみろ」と怒鳴られたり、船から海に落とされたりしていました。

僕はロルフィングというアメリカ生まれのボディワークを勉強しまして、内田さんともそちらのほうで知遇を得ました。今はしていないのですが、ロルフィングをしていたとき、たとえばお相撲さんとかプロボクサーの人とかが受けに来てくれたんですね。そういうときは最初に腕相撲をするんです。で、僕が勝っちゃう。そうすると「こいつの言う通りすると体が変化するんじゃないか」と思ってくれるんです。偉そうに言っているくせに、弱かったりするとダメなんですよ。信用されない。もちろん一回目のロルフィングが終わって、体の使い方を教えたりすると、ちゃんと鍛えているのはあちらのほうなので、簡単に負けちゃうんですが（笑）。

で、文学や哲学を「身体から読む」というアプローチでしようと思った最初は、前にお話しした『論語』です。若い頃は「何を偉そうなことを」と『論語』は嫌いでした。で、あるときにアルバート・ノーラン師の『南アフリカにいます神』（南窓社）という本を読んだんです。アパルトヘイトが激しかった南アフリカで布教をしていたノーラン師は、ドミニコ会の総長に推薦されたのですが、「この厳しい状況の南アフリカに神がいないのならば、神はいないんじゃないか」と思って、総長就任を断わって、南アフリカで神を探すということを始めるんです。これを読んだときに、もし『論語』が現代でも有効ならば現代の問題を解決できるはずだと思って、引きこもりやニートと呼ばれる人たちと『論語』を読み始めました。そのときに伝統的な注釈はあまり使わずに、『論語』を孔子の時代の文字に直して読んだのですが、そうしたら身体的な表現が多かったたし、そして何よりもとても有効だったのです。

そして、その彼らと一緒に『おくのほそ道』を歩いてみました。一日八時間、一回が七日から八日くらい歩くんです。句を作ったり、連句をしながら歩きます。すると、今まで見えてこなかった『おくのほそ道』の隠れていることが見えるようになったし、芭蕉がなぜわざわざここに寄るのかとかいうことも分かったのですが、それは車で行っちゃうと気づきません。

また、彼らも変化していきます。なるべく芭蕉の跡を追おうとするので、民家のお庭を「すみません」とか言いながら横切らせていただいたり、田んぼのあぜ道なんかも歩いたりします。雨に降り込められた日などは合羽《かっぱ》を着てもびしょびしょになりますし、足元からは水が浸入してきます。みんな「イヤだ、イヤだ」と思いながら歩くのですが、なぜか翌日、彼らの句が突然変化します。あとで聞くと「あの雨の中、はじめて芭蕉の跡を追って歩いている気がした」と言います。芭蕉は、さまざまな挫折のあと士農工商という四民の枠の外、「四民の方外《ほうがい》」で生きていくことを決めて俳諧師になりましたが、彼らもこの雨のあと、社会という枠から自由になっても生きていけるということに気づいて、引きこもりをやめちゃうんです。知らないうちに芭蕉と一体化しているんじゃないかと思います。

むろん、身体という制限から自由になって頭で考えることも大事だということは分かるのですが、どんなに頭で考えたことでも、それは頭という身体を通したことで、人は身体を抜きにしては何も語れないんじゃないかと思うんです。ですから身体の制限を云々《うんぬん》するのではなく、身体の制限そのものに目を向けて、そこから自由になるというほうが大切なんじゃないかと思います。

中世の身体

内田　僕は二五歳のときに合気道を始めて、関西に移ってからは他の武道も稽古しました。武道は淵源をたどれば中世まで遡《さかのぼ》る。今に伝えられている古伝の形はほとんどが中世の日本人の身体をベースに構想されたものです。だから武道の術理をほんとうに理解するためには、中世日本人の身体運用を学ぶ必要があると思った。それなら何がいいだろうか考えて、習うとしたら、能か禅か茶の湯だなと思ったのです。たまたま誘ってくれる人がいて、定期的に能を見るようになり、じゃ、ご縁があるのかなと思って能のお稽古を始めることになった。だから、能の稽古をしているときも、個人的な興味はつねに「中世の日本人はどのように身体を使っていたのか」に向けられていました。人間は身体でものを考えるわけですから、中世日本人の身体の使い方をすれば、中世日本人がその身体を通じて、何を感じ、何を思っていたのかも想像的に追体験できるかもしれない。そういうふうに思って、稽古してきています。

能の稽古を始めてすぐに気づいたのは、自分が無意識のうちに近代的な身体運用をしているなということでした。たとえば、刀でものを斬る動作一つとっても、近代人は体幹部分に支柱があって、そこからアームが伸びていて、このアームがヒンジ運動して先端の刀を上げ下げする……というメカニカルなイメージで剣の操作をとらえてしまう。つまり、現代社会で日々目にするさまざまな機械類の動きと類比して自分の身体を制御しているんです。もともとは人間の身体運動を模して機械は設計されているわけですけれど、機械の動きを一回見てしまうと、今度は人間がそれを模倣するようになる。そのほうが分かり易いですから。でも、中世の日本人はそういう機械類を見たことがない。だから、関節にビスが入っていて、そこを支点にアームが動く、なんていうイメージで斬りの運動をとらえることなんかなかったはずなんです。何か身の回りにあるものを模して身体運用をしていたことは間違いないんですけれど、それは「ワイパー」とか「ボルトとナット」とか「歯車とファンベルト」とかいうようなものではなかった。現代人である僕たちが、中世人の身体運用を再現するためには、まず無意識のうちに身体に刷り込まれている「工学的イメージ」を全部消去する必要がある。そういう近代的な構造物のイメージを払拭したあとにようやく何か別のものが見えてくる気がして。

安田　能を習ってみて、身体の使い方は変わられましたか？

内田　メカニカルな身体図式では「舞えない」ということはわりとすぐに分かりました。能舞台上では演者にさまざまなシグナルが送られてきます。その無数のシグナルに押されたり、引かれたり、回されたり、止められたり、自分の身体が木偶《でく》人形のように動かされている感じがする。自分の脳が中枢的に運動を統御して、骨格筋に運動指令を発しているわけじゃない。頭の中に「運動の下絵」が描かれていて、それに沿って動いているわけじゃない。外から到来するシグナルにそのつど反応している。向こうから何か来るとふっとそっちを向く、また別のほうから何か受信すると、それに引かれて回転する。そういうふうに受動的に動ける身体を作ってゆかないと舞えないということはだんだん分かってきました。

安田　そうですね。結果的に、そのようにしか動けなくなってしまう。

内田　道順を覚えて、それを思い出しながら歩くだけでは舞にならない。稽古は「そこ」

から始まると先生はおっしゃるわけです。道順を身体がまず覚えて、何も考えずに歩けるようになってから、その次がある、と。その次ってなんだか最初は分からなかった。感情表現かなとか。なんか「つや」を出すのかなとか、「めりはりをつける」のかなとか、ぼんやり思っていたら、ぜんぜんそうじゃないんですよね。

安田　はい。

内田　考えてみれば、感情表現は地謡《じうたい》や囃子方《はやしかた》が引き受けてくれるわけですよね。シテがするのは「そういうこと」じゃない。こう言ってよければ、シテは何かの「通り道」になるのが仕事じゃないか、と。徹底的に受動的なものになって、能舞台の上に行き交うシグナルに最も敏感に反応する。誰よりも先に「そこにいないもの」に反応する。そのとき、シテの自我とか主体性とか個人的な能力とかいうのははるか後景に退いている。「何か」が舞台に降りてくる。シテは自分の身体をその「何か」に供物《くもつ》として捧《ささ》げる。それがシテの仕事じゃないかと思うんです。たぶん古代において巫女《みこ》やシャーマンが担っていた呪術的な芸能を部分的には能が引き継いでいるんだと思います。

型について解説してはならない

内田　どんな伝統芸能でも、素人にも分かるよう、合理的に解説しようとすると、形は壊れてしまいますね。

安田　そのとおりです。

内田　「どうしてこういう形をしないといけないんですか？」という弟子の質問に師匠は「昔からこうなっているんだから、こうやれ」とだけ言えばいいと思うんです。説明されないと、弟子は「なんでだろう」と考えざるを得ない。武道でもそうなんです。どうしてこんな形をするのか、理由が一意的には開示されない。しかたがないから、自分でなんとか理屈をつける。たぶんこういう身体機能を上げるためにこういう形があるんだろうなと思ってやってみる。でも、時間が経つと、それでは説明がつかないことに気づく。仕方がないのでまた違う説明を採用して、稽古を続ける。すると、またそれでは説明ができないことが出てくる……その繰り返しなんです。その意味では自然科学のプロセスと変わらない。仮説の提示、実験、反証事例、仮説の書き換え、それをひたすら繰り返す。

自然科学の場合、武道の「形」に相当するのは「自然そのもの」です。だから、武道や芸能における「形」も機能的には科学における「自然」の役割を果たしているんだと思います。無限に深いものですから、いかなる仮説を適用しても説明し切れない。無限に人間の側からの解釈を誘発する。

でも、武道の場合は、そうやって次々と仮説を出しては捨てるということを繰り返しているうちに間違いなく術技は向上するんです。早押しクイズで、何度解答しても正解できないんだけれど、一〇年やっていたら、「早押し」動作が異常に上達したというようなことってありますよね。それと似ている気がする。つまり、正解に達することそれ自体が目的なのではなくて、正解に達しようとして「何かをする」うちに思いがけないところで変化が起きる。それが形稽古の目的なんじゃないかな。だから、形についての解釈が「最終的解決」に至り着くということはありえないし、あってはならない。形というのは永遠に「謎」であることではじめて教育的に機能するわけです。

そういう点では、形稽古はモースやマリノフスキーが報告しているトロブリアンド群島のクラ交易と似ていると思います。クラ交易では、貝殻の装身具を隣の島の公益相手と交換するために人々は船を仕立てて隣の島まで航海をする。装身具そのものは小さくて装用できないので、実用性はゼロなんです。でも、それを定期的に交換することが島民たちには儀礼として義務づけられている。ですから、たぶん「こんなの意味ないじゃん。なんで遠い島まで、わざわざ船仕立てて、危険を冒して航海する必要があるんだよ」と文句を言った若い者もいたと思うんです。でも、そのとき年長者は「いいから黙ってやれ。昔からそうやってきたんだ」とその異議を却下した。しかたなく二〇年くらい交易をしている
と、昔はぶつぶつ文句を言っていた若者も、いつのまにか自分が造船技術、操船技術、海
洋学、気象学などについて豊かな知識と技術を身につけており、隣の島のクラ仲間と緊密
な相互支援のネットワークを形成して、それなりの外交力・政治力を持った「おとな」に
なっていたことに気づく。そして、若い者に「なんで、こんな無意味な航海するんです
か」と文句を言われたときに「いいから黙ってやれ」と不機嫌に答えるようなおじさんに
なっている。クラ交易の場合、装身具そのものには意味がないけれど、装身具を定期的に
交易するために必要とされるさまざまな知識と技術には、どれも豊かな人間的意味があっ
た。形稽古もそれと構造的には同じじゃないかと思うんです。

安田　「型」というものは基本的に説明できないし、理解もできないものだと思っていま
す。それは「型」は、僕たちの卑小な考えや心を凌駕《りょうが》するものだからです。能で大切なの
は「こころ」よりも「思ひ」です。「心変わり」という言葉があるように「こころ」の性
質をひとことでいえば、変化するということです。昨日はあの人が好きだったのに、今日
はもうこの人を好きになっているというように。そんなころころ変わる「こころ」などを
能が扱っていたら六五〇年以上も続かずにとっくに滅《ほろ》んでいたはずです。能が扱うのは、

変化する「こころ」の深層にあるものです。対象がどんなに変わっても人を好きになるという心的機能は変わりません。これを古語では「思ひ」と名づけました。「こころ」を生み出す心的機能です。

我が子を人買いに拐《かど》わかされた母親が、京都から隅田川まで狂女となって下ってくるという能『隅田川《すみだがわ》』があります。狂女である母親は、隅田川で平安時代の『伊勢物語《いせものがたり》』のことが思い出されます。在原業平《ありわらのなりひら》はこの隅田川で都にいる我が妻のことを思った。自分はここで我が子のことを思っている。対象は「妻」と「子」、違います。しかし、能『隅田川』では「思ひは同じ恋路なれば」と謡います。対象は違えど「思ひ」は同じなのです。

そして、その「思ひ」に名をつければたとえば「恋路」、すなわち「こひ」になります。「こひ」には「恋」という漢字をあてますが、本来は「乞《こ》ひ」ですね。強い渇望です。辞書的な定義をすれば「本来、自分と同一体のものが、一時的に離れてしまい、それが戻って来るまで不安で仕方がない状態」です。歳末のバーゲンセールのデパートで一心不乱に服を物色していたお母さんが、ふと子どもがいないことに気づく。さっきまで邪魔だった子ですが、今はその子が戻ってくるまで何も手につかず、バーゲン品なんて考えられなくなる。それが「こひ」です。長い間、旱魃《かんばつ》が続いた土地で「雨」が渇望の対象となれば「雨乞《あまご》い」になりますし、食事が対象になったら「乞食《こつじき》」になります。

この欠落というのは、修行を積んだ特別な人以外は、人である限りは絶対なくならない。「子どもも異性も、もう恋しくなんて思わない」という人なら、今度はその人の過去の自分が「こひ」の対象になります。一人でいるときに生じるふとした寂しさです。そのような欠落、「思ひ」を表現しようとするのが能なのです。ですから、どんな時代でも、どんな年齢の人でも有効なのです。

そして、だからこそ「こう演じてやろう」とか、「ここはこういう意味ではないか」なんていう卑小な解釈は意味がないんです。

ここから先はもうほとんど信仰の話なんですけどね（笑）。能の発生の過程で、あるとき誰かがその「思ひ」を型として冷凍保存をした。「型」を作ったのは一人じゃなくてもいいんです。過程の中で「型」ができていって、それがあるとき冷凍保存された。僕たちはそれを学ぶんです。で、舞台上でその型を演じるというのはレンジにかけるようなもので、「型」をしているうちにそれが解凍されていって、凍結されていた「思ひ」が舞台に溢《あふ》れて客席に流れ込む。するとそれを観ているお客さんの「思ひ」もそれに刺激されて、何かが起こる、それが能じゃないかと思うのです。能を観に行くということは、何かを観に行くのではなく、何事かが起こるのを体験しに行く、そういうことではないかと思います。そして、それを保証しているのが「型」だと思います。

場を主宰する力

内田　安田さんの属するワキ方というのは、大方の曲の場合、舞台に登場して後はじっとシテを見守っているわけですよね。

安田　シテがこの世の者でない霊なのに対して、ワキは現実の人間で「諸国一見の僧」という役が多いのですが、この僧というのがポイントで、ただの人間ではなく異界の霊と交信することのできる特殊な能力を持った人というのがワキなんですね。シテの怨念《おんねん》を聞き出すという意味でカウンセラーみたいなもので、確かに座ってじっとしていることが多いです。

内田　安田さんは現在プロフェッショナルな能楽師でいらっしゃいますけど、実は多彩な職歴をお持ちなんですよね。

安田　はい。いろいろしました（笑）。若い頃は貧しかったので、学生時代はナイトクラブでジャズのピアノ弾きをしていましたが、成人してからも漢和辞典の熟語を担当したり、CGの本を書いたり、ゲームの制作に携わったり、ゲームの攻略本を書いたり、ロルファーをしたり……。能を始めてからは、こういうことをするときに、とても能のお世話になっています。能という一本の柱があると、いろいろなことに応用できるのです。統治能力ではありませんが、能から学ぶことのできる技術は、さまざまな領域に応用できます。

内田　ミュージシャンやダンサーや俳優といった方たちは、やはり共感能力と「場を主宰する力」を大なり小なりお持ちですよね。そういう力が飛び抜けて強い人もいる。舞台に姿を現わした瞬間、場を支配してしまう。同じ舞台に出ている演者たちだけでなく、観客の呼吸も自在に制御してしまう。ジョン・レノンやミック・ジャガーのステージングを見ていると、数万人のオーディエンスをたちまち支配してしまいますね。

先日、コレオグラファーで神戸女学院大学で教授もなさっている島﨑徹《しまざきとおる》さん、バレリーナの吉田都《よしだみやこ》さんと三人で、吉田さんが特別客員教授になられた記念の鼎談《ていだん》を女学院の講堂で催《もよお》しました。振付師とバレリーナと武道家が三人でダンスについて話したわけですが、吉田さんが壇上に登場すると、講堂中がしーんとなって、もう一瞬のうちに観客を「持っていかれて」しまった。もちろん、吉田さんのファンが多いこともあると思いますが、ああ、これが「持っていかれる」という感じだなということが分かりました。これ、一体どういう現象なんだろうとしばらく考えました。そして、これは後知恵なんですけれども、まず袖から登場して自分の立ち位置に行くまでの身体の使い方が非常に細密なんです。僕はたぶんその過程を七つとか八つくらいに分節して動いたのですが、吉田さんの動きはその一〇倍くらいに細かく分節されていた。袖から舞台の真ん中まで出てくるだけで、その歩みがすでにダンスになっていた。その瞬間に観客は見とれてしまう。ノイズと楽音くらいに違う。後で学長から、内田君が出て来たときには何も変わらなかったけど、吉田さんが出てきたら空気の色が変わったよと言われました。空気の色が変わったというのはたしかに適切な形容だなと思いました。

お話のほうは、何というか、ごく真っ当な話だったんですけど、その場で横で聞いているときは、何かすごく深遠なことをおっしゃっているように感じられる（笑）。そのときは共感の渦に巻き込まれていますから、真偽や良否の判定ができない。なるほど、これが「持っていかれる」ということなんだなとしみじみ思いました。そういう能力がないと、世界的なプリマにはなれない。でも、こういう能力は数値的に示すことができない。でも、近世までは重要な人間的能力の一つとして訓練されていたのではないかな。

安田　まさに、おっしゃるとおりだと思います。

共感覚・海が見えた幻影体験

安田　「なぜ能を始めたのですか」という質問にはいつも適当な答えを返しているのですが、実は最近、能に惹《ひ》かれた本当の理由を思い出しました。

内田　ぜひお聞かせください。

安田　先日『松風《まつかぜ》』のワキを勤めたのですが、久しぶりに不思議な体験をしました。変な話ですが、海岸の幻影がはっきりと見えたのです。それはまさに『松風』の風景そのものでした。僕が能を始めたのも、一番最初に観客としてその幻影体験をしたからなんです。目の前にはシテがいるけれども、それとほぼ重なるような形で海岸が見える。まるでAR（Augmented Reality　拡張現実）です。

内田　砂浜や松林が見えるんですね。

安田　はっきりと。『松風』の謡に「寄せては返す」というところがあるのですが、このときの大鼓《おおつづみ》と小鼓《こつづみ》の手が、これまた不思議で、西洋音楽に慣れている耳からは、こう来るな、という狙いがすべて外されるんです。それによって、何か聴いている人、観ている人の中の箍《たが》も外れるんですね。感覚器官が狂ってくる。聴いているはずなのに見えてしまうんです。

音を聴いて何かが見えるというのは、共感覚のなせるわざです。しかも海が見えるというのは、僕の場合、海辺で育ったこともあり、直観像的な感覚だと思うのです。直観像とは、眼に映った対象が眼前にあるように見える現象です。ちなみにこの話をすると、算盤《そろばん》をやっていた人は暗算をするときに、算盤のイメージを脳内に浮かべながら計算していたことを思い出すとおっしゃいます。

そういうことを考え合わせると、実は日本人は、直観像や共感覚に秀でた民族だったんじゃないかという気がするんですね。そして、直観像や共感覚を強化するものが「歌」だと思うんです。算盤の暗算でも「三〇円なり、五〇円なり」って歌うでしょ。あのように歌われることで、よりはっきりと算盤が「見える」。歌が引き金となる直観像・共感覚はとても多様なのではないでしょうか。もちろん日本以外でも、たとえばゲーテなどは成人後も直観像能力を有していたことで有名ですが。

内田　はあ、ゲーテが……。

安田　はい。そしてそのゲーテはメタモルフォーゼ論の中で、すべての植物は、ただ一つの原植物がメタモルフォーゼしたものだと主張します。

能の謡《うたい》もメタモルフォーゼです。謡いながら脳内で詞章がメタモルフォーゼをしていくのを感じますし、これによって能の謡って覚えやすくもなるんです。たとえば聖地から聖地への船路を謡った『高砂』の謡で、「波のあわ」と来る。すると進み行く船端《ふなばた》と波によって生じる「泡」がパッと浮かび、するとそれが「(波の)淡路《あわじ》」と淡路島にメタモルフォーゼする。そして、それがあれよあれよと「遠くなる」のを見ているうち、それが「(遠く)鳴尾潟《なるおがた》」にまたまたメタモルフォーゼする。そうしていろいろな画像が頭の中で回転していくのですが、このような脳内映像を作り出すのが能という芸能なのです。

これは和歌も同様です。藤原定家《ふじわらのていか》の「梅の花にほひをうつす袖の上に　軒洩る月のかげぞあらそふ」という歌は、梅の視覚的な色彩と嗅覚上の芳香が、袖の上で月の光と争っている、という意味ですが、恐らく定家には芳香が月の光と同じように「見えて」いたのではないでしょうか。

内田　そういえば香りも「聞く」といいますし。五感が相互浸食しているということですね。

安田　そう思います。特に掛詞《かけことば》などには、気持ちいい不気味《ぶきみ》さがあるじゃないですか。メタモルフォーゼ的な不気味さに通じるものが。

内田先生の前で言うのは釈迦《しゃか》に説法《せっぽう》ですが、言葉には意味的な要素と音素的な要素がありますよね。普段僕たちは意味的な要素で言葉を解釈していますが、能は言葉における意味的な要素を次々と否定していきます。淡路という地名の前に泡という語を出す、意味の前に音を聴かせてしまうことで、意味にたどり着く前に、音で視界――イメージを作ってしまう。まるで「かな／漢字」の予測変換のようです。「あわ」まで入力するともう、「淡路」が提示されてしまう。

「そうはいかの金玉」なんて駄洒落《だじゃれ》のように、日本語は音が意味を喚起する働きが特徴的に強くて、小さい子はそういう言葉の使い方が大好きですね。たとえばほんの数文字の語の中から「うんち」という音を探し出すのが得意でしょう。意味的にはまったく違う内容を話しているはずなのに、音だけ聞いて自分の好きなイメージをどんどん取りだしていく。自分の中でイメージを膨《ふく》らませて、楽しんでいますよね。オヤジギャグと呼ばれるものも、実はこれに当たるんじゃないかと考えているのですが。

内田　なるほど。

安田　音からイメージを膨らませる楽しさを僕らは本当はよく知っていますが、ふだん生きているのは音より意味が重要視される社会の内側です。だから常に抱いている音の世界への郷愁が時々抑えようもなく漏れ出してしまう、それがオヤジギャグだと思うんです。「意味を解釈しろ」という規制が弱く、音の世界に生きている能楽師のオヤジギャグはもう、箍《たが》も外れてしまっている感じで、すごいですし、一方で音への抑圧が強い、意味が最重要とされるビジネスの世界で高い地位を築いてきたエリートビジネスマンの人たちのオヤジギャグもすごい。意味的な世界で生きているからこそ、そのストレスから、音世界への憧れを抱くのかもしれません。

内田　安田さんの話の実例は、徹夜麻雀ですね（笑）。麻雀というゲームの本質は、記号の形成ですよね。卓の上に意味のある、できるだけ美しい「構文」を早く形成することを四人で競っている。卓上で記号形成を行なっていると、不思議なもので、脳のほうの記号形成能力が低下してくる。ゼロサムなんですよ。卓の上で美しく整然とした「構文」を作ることに熱中していると、言語のほうは構文能力が低下してきちゃうんです。だから、疲れてくると、プレイヤーが発する言葉はしだいに駄洒落で埋め尽くされるようになる。人が言ったことを何度も繰り返したり。口から出る言葉も、前の話と意味の繋《つな》がりがほとんどなくて、ただ音韻の繋がりだけで話すようになる。夜も更《ふ》け、明け方になる頃には、誰かが一言駄洒落を言うたびにげらげら笑って、またその返しの駄洒落に笑って、だんだん笑いが激しくなってくる。お互い「言うな、言うな」と身構えているから、誰かが口を開いただけで耐えきれずに笑ってしまう（笑）。

大瀧詠一《おおたきえいいち》さんが徹夜麻雀の情景を歌った『楽しい夜更し』の歌詞に「午前0時は宵《よい》の口」っていうのがあるんですけれど、二番の歌詞は「午前三時は宵の喉」なんです。こういうのってまさに徹マンのときにしか出てこないタイプのギャグですよ。頭でこねても出てこない。これ、たぶん大瀧さん自身が麻雀しているときに出て来たフレーズを歌詞に流用したんだと僕は思ってます。

そういうふうにして本来脳が担当している仕事を一時的に外部に移してしまうと、脳の負荷が軽減される。論理から解放される。脳に「今日は休んでいいよ」って、裃《かみしも》脱いで、新鮮な空気を吸わせてやることって、人間にとって必要な気がするんです。

世界中に存在する共感覚メソッド

内田　先ほどの話に戻りますけれど、共感覚が発達するとどういう生存戦略上のメリットがあるのかです。
安田　それこそ脳科学者の方々にお考えを聞いてみたいですね。茂木さんが以前ツイッターで、内田百閒《うちだひやつけん》の『阿房列車《あほうれつしや》』について書いておられましたが、あの中に視覚が皮膚感覚に反映されることについて書かれた文章がありましたね。
内田　百閒先生は触覚の記述に非常に優れていますね。特に食べものについて書いたものが。ほんとうはいくら文章に書いたって、その料理を味わうことはできないはずですけれど、うまい人が書くと、味わいや食感がわかる。実際に唾《つば》が湧いて来る、お腹《なか》がぐうぐう鳴り出す。

現代なら映像や音声の高性能な記録機材がありますが、そういう技術がまったく存在しない時代、たとえば死活的に重要な視聴覚情報で、ぜひとも仲間に伝達しなければならないというものは、別の感覚に置き換えて保存し、持って帰って、再生して、仲間に追体験してもらうという必要があったんじゃないですか。たとえば何かを見たという場合にも、それを音声記号に置き換えて保存し、仲間のところに戻ってから、再生音を聴かせて、彼が見たものをみんなで想像的に共有する。

安田　スクリャービンがそうですね。二十世紀の現代音楽家ですが、音楽だけでなく、建築的なものや光、香りなども含めた、神秘劇を作ろうとした人です。共感覚者の彼が作曲した「プロメテウス」は、観客に彼の体感している共感覚を共有してもらうための管弦楽曲だったといいますから。

彼は聴覚入力が視覚に出力される、つまり音を聴くとそれが映像として見えるタイプの共感覚者だったので、光など視覚的に見る要素も取り込んだ曲なんですが、ＤＶＤなど発売されていないので、残念ながら目にする機会がありません。

内田　すごいなあ。ルドルフ・シュタイナーのオイリュトミーもそういうものですかね。

安田　オイリュトミーも恐らく、頭で作られたのではなく、音がそう「見えた」人だったのではないでしょうか。

内田　そうなんでしょうね。前に数学者の森田真生君に聞いた話ですけれど、数学者は素数にこだわりがあるらしくて、靴脱いで上がるタイプの居酒屋だと下足箱があるじゃないですか、数学科の学生たちでそういうところに行くと素数の下足札から順番に取られてゆくんだそうです。5とか7とか11とか13とかから埋まってゆく。あとから来た森田君が必死になって残っている素数を探していると店の人が「12番空《あ》いてますけど」とか不審な顔で言うらしいんです。「12じゃダメなの!」って地団駄《じだんだ》踏むらしいけど（笑）。

そういうことって別に珍しい話じゃないと思うんですよ。数字に色がついて見えても、文字を見ると匂いがしてきても、「そういうことって、よくあるよ」でいいんじゃないですか。せっかくなら、そういう潜在的な能力を発動させて、育成するメソッドを整備すればいい。古代から近世までは、そういう能力を育てるためのノウハウが広範囲にわたって存在したんだと思いますよ。

安田　能楽もそのメソッドの一つですね。

うまく歩けない人々

内田　安田さんがご著書の中で、最近日本の子どもたちの歩き方がちょっとおかしい、ということを書かれていましたよね。僕、それを読んでいろいろ考えたんです。安田さんの本を読んだ前の晩、寝しなに村上春樹《むらかみはるき》のエッセイを読んでいました。その中に、村上さんが以前ローマに住んでいたとき、友人のウビさんという人と一緒に、ローマ近郊にある彼の故郷の村を訪ねるエピソードが出てくるんです。ローマから車で三時間くらいのメータという村で、高速道路を降りてしばらく行くと山の中に小さな町があったので、村上さんが「ここがメータなの?」って訊《き》くと、ウビさんは「違う、これはペスキエラという別の村だ」と言う。そして、自分たちの村ではペスキエラのことを「キノ（中国）」と呼んでいると言う。自分たちとは世界観も人生観もまったく違う。特に歩き方が自分たちとは全然違う。へんなちょこちょこした歩き方をする、足が曲がっているんだ。だから、世界中どこに行ってもペスキエラの人間は見分けられると言う。その少し先には、サン・サヴィーノという村があって、これはメータ村から二〇〇メートルしか離れていない。でもウビさんはその村でも歩き方が違うと言う。「メータ村じゃみんなでサン・サヴィーノの連中の歩き方真似して笑うんだ。服も違うし、喋り方も違うし、考え方も世界観も全然違う」

（村上春樹、『遠い太鼓』、講談社、1990年、229頁）。

村上さんは一種の笑い話としてこのエピソードを紹介しているんですけれど、僕はかなり強い衝撃を受けた。そうか、人間の歩き方には標準的なものがなくて、すべての社会集団は自分たちの歩き方が「ふつう」で、あとの連中の歩き方は「変」だと思っているんだということに気づいた。だから、一キロ離れた村でも、二〇〇メートルしか離れていない村でも、歩き方の違いははっきり示差的なものになる。そのときに、ふとオイディプス神話を思い出したんです。

安田　ほう。

内田　レヴィ＝ストロースの『構造人類学』（みすず書房）にはオイディプス神話の分析をした有名な仮説があるんですけれど、そこにオイディプスの系譜は「うまく歩けない」という意味の名前を持っていると書いてあった。オイディプスは「腫《は》れた足」を意味します。これは息子に殺されるという予言を信じた父王ライオスが生まれたばかりの息子を山の中に捨てさせるのですが、そのときに歩けないように銀の針で踵《かかと》を貫いておいた。拾われた後も踵の傷のせいで足が腫れていたので、その名を付けられた。父王のライオスという名は「不器用」を意味しているし、祖父のラブダコスもやはり「足をひきずる」を意味している。つまり、親子三代「うまく歩けない男」だとされている。人間とはうまく歩けないものだという説話は、あちこちに似たような話があるそうですね。

安田　中国古代の「夏《か》」王朝の創始者とされる伝説的な王、禹《う》がまさに同じ歩行困難者だったと伝えられていますね。

内田　え、禹王もそうだったんですか。

安田　その歩き方を真似たのが「禹歩《うほ》」です。

内田　道教《どうきよう》の「禹歩」ですか？

安田　はい。中国では道教の足遣いですが、日本では陰陽師や山伏もする足遣いですね。『道成寺《どうじようじ》』に登場する乱拍子《らんびようし》の足遣いは、恐らく禹歩を採り入れたものでしょう。

内田　はあ、それは初耳でした。

安田　僕たちはふだん歩くときは、左足を出して、次に右足を出すときには、当然のように左足より前に出しますね。ところが禹歩について書かれた中国の注釈書を見ると、そのようには歩かない。一度、足を揃えて、それからまた出すんです。すっすっと進めないタイプの歩き方です。足を怪我《けが》していたり、障害があったりするときの歩き方です。これが「序の舞」の序や『道成寺』の乱拍子の足遣いにも取り入れられています。

禹の父親は鯀《こん》というのですが、黄河の治水を任されたものの、九年経っても氾濫《はんらん》を収めることができなかったため、代わりに禹が任じられました。この禹が後に皇帝になります。鯀の治水の方法というのは、川の流れの真ん中に自分の身体を置くというものです。恐らく字からして、鯀は亀だったのではないかと考えられていますが、これは今でいう堤防を作るような方法です。一方、禹を昔の漢字で書くと「」で、蛇を意味します。この禹は川の中に入っていって、自分の身体をぐっと曲げて支流を作り、そちらへ水を流すことで治水に成功するのですね。先ほどお話ししたとおり、禹は足を引きずっていたというし、音楽神である夔《き》も片足。中国には片足の聖賢が多い。

内田　ちょっと前に名越康文《なこしやすふみ》先生にお会いしたときに、赤ちゃんの話を聞いたんです。それも印象的でした。名越先生が生まれたばかりのお子さんがはいはいしているのをじっと眺《なが》めていたら、足裏がすごく活発に動いていることに気がついた。四つ足歩行しているときの人間はきわめて合理的に身体を使っている。これは身体操作として完璧だなと名越先生は思ったそうです。それを聞いていて、ふっと不思議に思ったんです。四つ足歩行がパーフェクトな身体運用なら、なんで人間はその完璧な動きを捨てて、わざわざ直立歩行をするように進化したのか。直立歩行は身体に悪い。これは確かなんです。腰痛や痔疾は直立歩行していなければ、まず罹《かか》ることのない病気です。今でも腰痛の人は家の中を四つん這いで歩くと痛みが出ないと言います。だったら、そのまま四足歩行していれば苦しまずに済んだのに、なぜか人間は立ってしまった。

たぶん四足歩行については、人類全体が共有できる「標準的な歩き方」があるんだと思います。でも、人類はその「みんな同じ歩き方」をすることを拒絶して、隣の村から見ても「変な歩き方」に見えるような歩行法の自由をあえて選択した。標準モデルがないんですから、社会集団ごとに歩き方は全部違う。それは集団ごとに言語が違うとか、宗教が違うとか、食文化が違うとか、生活習慣が違うとかいうことと本質的には同じことじゃないのかと思うんです。本能によって規定された「全員同じ」生き方が厭《いや》で、選択の自由を行使したいと願った。それによって腰痛や痔疾に苦しむことになっても、走ったり、木に登ったりすることに不便な身体になっても、それでも人間にとっては身体運用の自由のほうが魅力的だった。

安田　なるほど。「間違った身体」という視点から身体を見ると、実は足がいちばん間違っているんです。たとえば「舞」という文字の下の部分は、足跡を表わしたものだとされています。これです。

で、この出っぱっている部分は親指だというのですが、これが親指だとしたら変ですよ

ね。人間の足の親指はこんなふうに出っ張っていない。こういう足はチンパンジーなど、猿の仲間の足です。

内田　そうなんですか。

安田　ですから本来こうして外側に親指が出っ張っていなければならなかった足が、進化の過程で現在のような形になってしまったことが、そもそも間違いなんです。僕たちは間違った身体を持って生まれてきた、ちょっと哀しい生き物なのかもしれません。

内田　足袋《たび》なんかは親指一本だけ、猿だった時代の名残《なごり》のように飛び出していますね。

安田　そうなんです。筋肉的にも親指だけが独立していますしね。

内田　なるほど。結局、すべて人間の歩き方は変だ、ということですよね。赤ちゃんを集めて「はいはいレース」をして、誰が一番きれいに四足歩行するかというゲームは可能だと思うんです。四つ足歩行しているときの人間は原理的には誰でも同じ身体の使い方をしているはずですから。でも、そんなこと誰も思いつかない。比べてもつまらないから。

でも、直立歩行をしている人間については、歩き方の「良いの悪いの」をうるさく言い立てますよね。それは実は「良い歩き方、悪い歩き方」について人類全体に共有されている判定基準が存在しないからなんだと思います。直立歩行している人間たちは、全員がそれぞれ勝手な仕方で「間違った歩き方」をしている。その「揺れ方が面白い」とか、バランスが悪くて倒れそうだけれどなかなか倒れないところがどきどきしていいとか、そういう歩行法にはつい眼が行ってしまうんですよ。それを見て、周囲が「この後、どうなるんだろう」と息を詰めて見つめたところから舞が始まったんじゃないでしょうかね。

安田　まさに『猩々乱《しょうじょうみだれ》』はそれですね。

内田　ああ、あれはすごく不安定ですね。どうしてああいう足遣いになるんですか？

安田　猩々は川に棲《す》む水の妖精ですから、あれは「流れ足」といって水上を舞っている型なんだそうです。ふつうのすり足とは全然、違いますね。

内田　『道成寺』の乱拍子は蛇の鱗《うろこ》の動きを模倣しているという説明を前に聞いたこともありますけど。バランスの悪い、なんとも危なっかしい歩き方ですね。でも、そういうものを見ていると、人間は魅入られてしまう。

安田　まさに禹歩ですね。

内田　人類史上最高のスプリンター、ウサイン・ボルトは身体を大きく上下させる変なフォームで走りますけれど、これは脊椎側湾症《せきついそくわんしょう》によるものだそうですね。あの人は骨盤の左右非対称な動きを超人的な速度に変換するような走法を自前で発見したんです。「変な歩き方」をすることで「ふつうの歩き方」をする人間より高い運動性能を達成する。これって、すぐれて「人間的」なことだと思うんです。

地団駄を踏む

内田　足で地面を踏む足拍子には、大地を祝福し、五穀豊穣を祈るためのものという説明が可能ですけれど、そうした呪術的意味より以前に、もう少しフィジカルな理由があったんですかね。

安田　そうですね。子どもたちはやけにあの動きが好きで、放っておくとずっとやっていますよね。

内田　「地団駄踏む」という動作ですよね。

安田　たぶんそのあたりが原型ではないかと思うのですが。

内田　「あ、立てた」って、直立歩行できたときの喜びを表わしているのかな。足踏みをするときって、足を上げると不安定になって、ふらふらした状態になるじゃないですか。大地を踏みしめることよりも、むしろふらふらすることのほうが足拍子の本来の目的じゃないでしょうか。自分で実際に仕舞いを習っても、先生に「はい、ここで拍子」と言われてやってみると、最初のうちはタイミングが分からなくて、片足を上げたままよろよろしていることとって、けっこうありましたよ（笑）。

安田　四つ足が二本足になって、一本足で立って、最後はゼロを目指すという（笑）。

内田　そうかもしれない。遊牧民のダンスはだいたいジャンプを多用して、より不安定な体勢を作り出そうとしますよね。イスラームのスーフィーもかなりバランス取るのが難しそうですしね。どれも、より不安定で、より自由な方向を目指している。洋の東西を問わず、太古に最初に直立歩行を始めたときから、人間はより不安定で、より自由な身体運用を愛してきたんじゃないでしょうか。

死刑囚が最後の絞首台の階段を昇るときに足を踏み外して「おっと」とバランスを取るという話がありますよね。おかしいじゃないですか。でも、「お前はあと一分で死ぬんだから、足首くらい挫《くじ》いたって関係ないじゃないか」と言われたって、よろけたときに体勢を立て直すことは止められない。これは人間の本質を衝《つ》いた逸話じゃないかと思うんです。身体が不安定になって、よろめくその瞬間、人間は「私は『うまく歩けないもの』だ、私は自由だ、私は人間だ」ということを確認できる。だから、絞首台への階段を昇るだけのためであっても、階段を踏み外しかけた死刑囚が「おっと」とバランスを取るというのは、人間を死刑にする社会の仕組みよりも、「私は人間だ」という確信をもたらす起源的な「よろめき」の経験のほうが強いということじゃないかな。

年を取って膝や股関節が悪くなって歩けなくなると、人間は一気に老け込みますよね。あれは「歩くとふらつくから」じゃなくて、逆に「ふらつけなくなった」からと解釈できませんかね。「ふらつく」というのは、今の死刑囚の例の通り、人が直立歩行を始めた瞬間の起源に立ち戻って、「私は人間だ、私は自由だ」ということを確認するための宣言である。「ふらついて、また立ち直り、またふらつく」という動作の繰り返しによって、人間は自分の種としての根源的アイデンティティーを確認している。でも、足が悪くなると、それができなくなる。そのことが人間として生きているという実感を少しずつ損《そこ》なってゆく。そういう仮説、どうでしょう？（笑）

揺らぐブルース・リー

安田　武道での足の扱いはどうですか？

内田　足さばきは基本中の基本ですね。

安田　何か変だったりしませんか？

内田　変です（笑）。左右の拇《ぼ》指《し》の二点を一直線上に立てる「一重身の構え」というのが、技が決まったときの足の位置なんですけど、この構え、体勢として「ゆらゆら」なんです。足を開けば安定するのに、あえて不安定な状態に設定されている。でも、それは当然で、安定した体勢にいると、次の動作に移るときに、一度不安定な状態に戻さないと新しい動きに入ることができない。ですから、最強の身体運用は原理的には片足の拇指丘で立つかたちなんです。一点で立っていれば、三六〇度どこへでも瞬時に向かえますから。まっすぐにも行けるし、斜めにも行けるし、ジャンプもできるし、倒れることだってできる。だから、原理的に言えば、一点だけで接地して、ふわりと浮いているのが、最強の構えだということになる。でも、それは難しいから、それに準じた構えを取ることになっているんじゃないでしょうか。逆に、いちばん悪い構えは、両足が揃ったかたちですね。安定しているから、変化に即応できない。「両足が揃った状態を隙《すき》と言う」と先生には教わりました。

誤解されている方が多いのですが、腰を決めて、足を広げて、身体を固めて、下半身を安定させようとすると、身体を安定させるためだけに使える力の過半を投じてしまって、上半身で使える力がほとんど残らないんです。だから、弱い。

安田　ブルース・リーも似たようなことを言ってますね。安定した構えを取ると、拳を突き出すのでも一工程増えるから、遅くなると。つねに、割といい加減でフラットな構えをしていると、そのまますっと拳を出せるから早い、というようなことを映像で語っています。

内田　ブルース・リーの登場って、われわれの世代には衝撃的でしたよね。『燃えよドラゴン』の日本公開は一九七三年ですけれど、僕はもう前評判を聞いていたから楽しみで楽しみで、封切りしてすぐに渋谷東急まで見に行ったんです。これは絶対運命的な映画だって直観して（笑）。

安田　ははは（笑）。

内田　当時のガールフレンドと兄貴と三人で行ったんです。あまり気乗りがしない二人を無理やり連れて。でも、映画が終わって、劇場から出たとき、ガールフレンドと兄貴のほうを見たら、二人とも暗い顔をしているんです（笑）。こんな映画見て何が面白いんだ、お前バカじゃないか、みたいな冷たい視線だった。僕はもうすごいものを見てしまった後なので、ぼうっとしていた。切符を買って東横線のホームに出たら、ちょうど映画を見終わった中学生高校生がホームのあちこちにいた。なんで分かったかというと、その子たちがみんな「アチョー！」と叫びながら飛び跳ねていたから（笑）。

六〇年代、東映の任俠映画を見た後の観客が、映画館から出てくると、何となく肩で風を切るやくざ風の歩き方になっちゃうということはありましたけれど、そんなものじゃない。人目も気にせず、ぴょんぴょん跳び上がってるんですから。でも、僕には彼らの気持ちがよく分かった。あの映画を見たら、身体が自然に浮き上がってくる。

安田　そうです、そうです。

内田　武道的にどうこうというよりも、たぶんダンスとして見て、素晴らしいと思ったんでしょうね。人間の身体がこれほどきれいに鮮やかに動くものかと、ほれぼれして。さすがに僕はもう大学生だったので、中高生と一緒に「アチョー！」はやりませんでしたけど。

安田　僕もヌンチャクとトンファーを買っちゃいましたからね。

内田　僕もヌンチャク買っちゃいました。僕らの世代だと『燃えよドラゴン』のヌンチャクさばきを再現できる人って、何十万単位でいるんじゃないかな。

胴体と四肢のバラバラ感

安田　身体運用の話ですが、僕は今は一般の方へのロルフィングはしていないんですが、友人から頼まれて何人かのニートや引きこもりの人たちに施術をしたことがあるのですが、それで驚いたのが、彼らの多くがみな似た身体をしているということなんです。もちろん体型や体格はそれぞれ違うのですが、象徴的な言い方になりますが、胴体の部分と手足がばらばらなんです。明るいニートの人は別ですけれども……。

内田　「明るいニート」っているんですか（笑）。

安田　「別にニートでもいいや」という人ですね。そうではなくて、手足と胴体がばらばらなのは、悩んでいる人です。悩んでいる人は、抗うつ剤を飲むなどいろいろ治療をしていますが、彼らはものを考え始めてしまうと、頭がいっぱいになるらしいんです。そのときに一回ロルフィングをすると、自分の体に意識が向くようになる。すると、胴体部分の筋肉に力を入れていることに気づくらしいんです。

　小胸筋から腹直筋から全部ぐっと力を入れて、これで自分をプロテクトしている。ところが手足の感覚が全然ない。頭の中にはいろいろなことがわーっと流れていて、手足感覚がまったくなくなっている。手足が冷たいんです。筋肉でプロテクトしているんですね。

内田　分かります、本当にそうだと思いますね。合気道でも、冬場に手に触ると驚くほど冷たい人がいますから。

安田　ええ、びっくりするくらい冷たい人がいますね。そういう人たちは胴体の部分と四肢の部分が別々になっているので、たぶん腿《もも》も冷たいはずです。

内田　だから、胸を広げる、背中を広げる、股関節を広げるというような基本動作を求めます。手足の冷たい人って、全身を連携して動かさないで、部分だけを中枢的に統御しようとするんです。脳内に自分自身の身体図式があるんですけれど、それが非常にシンプルなメカニズムのイメージなんです。工学機械のようなものとして自分の身体イメージを持っている。そういうシンプルな構造体であれば中枢的に統御できるから。でも、実際の生物の身体ははるかに複雑な動きをする。複雑な動きをしたがる身体を無理やり中枢的に統御しようとすると、身体のあちこちの動きを「止める」しかない。運動が下手な人というのは、「やる気がない」んじゃないんです。反対に「うまくやろう」として制御過剰になっているんです。注意すればするほど、身体の中の動かない部位を増やして、一点だけの操作に集中しようとする。だから、学校体育でうまく動けない子に向かって「真剣にやれ」と怒鳴るのは、まったく逆効果なんです。そういう子たちは真剣になればなるほど、どんどんぎごちなくなってゆく。合気道だとよく分かるんです。うまく動けない人にはだいたい中高年の男性が多いんです。特に人に指図する立場の管理職の人は、それだけですでに大きなハンディを負っていると思ったほうがいい。こういう人たちは職業上、中枢的にものごとを管理しようとすることを宿命づけられている。「ほう・れん・そう」とか言って、末端から逐一情報を上げさせて、一つ一つ決裁しようとする。そういう管理職の人は末端に権限委譲して「好き勝手にやらせる」ということに強い心理的抵抗がある。だから、身体が自発的に複雑な動きをし始めることにも強い不安と恐怖を感じてしまう。「身体は賢い」ということが信じられない。逆に、組織の中でいつも命令されている立場の人も、身体を統御しなければならないと思い込んでいる点では管理職と変わらない。「まごまごするな！」というような叱責を日常的に受けていると、動きはどんどんぎくしゃくしてくる。だから、組織人は、管理する側にいても、管理される側にいても、それだけで武道的には一定のハンディを負っていると思ったほうがいいです。

それと、興味深いのは、そういう人はだいたい視覚重視だということです。なるべくすべてを「自分の目の届く範囲」で処理しようとする。だから、視野から外れたものは情報として入力されない。背中に誰かが立ってある動きをすると、目に見えなくても、後ろにいる人の筋肉や骨格の動きに身体は反応するはずなんです。でも、中枢的に身体を統御しようとする人はこの反応を抑制してしまう。

でも、そういう人たちを指導するときは、彼らが居着いている身体運用の構造そのものを解体しないといけない。中枢的身体運用に居着いている人たちでも、動物として自然にできる動きというのはあるわけですから、それを思い出してもらう。たとえば、鼻の頭に蚊《か》が留まったとか、熱いフライパンに手が触れたときとか、そういうときは何も考えずに手がさっと動くじゃないですか。「蚊」とか「フライパン」とか具体的な目標があって、それに向かって手を動かす、それから手を離すということが緊急に必要な場合、中枢は関与しない。脳がいちいち命令しなくても、そういうときは緊急避難的に現場が勝手に動いて運動を統御する。

だから、脳の中枢的統御を解除するためには、反応を引き起こす想像的な対象を身体の外側に設定すればいいんです。前にもお話ししたことがありますけれど、「軒下から『雨降ってきたかな？』とそっと手を差し出す」動作なんていうのは、みごとに身体が整うんですよ。手のひらがわずかな雨滴でも感知できるように感度を上げるためには、腕の筋肉に緊張があってはならない。どこにも力みもこわばりもないように、柔らかく手が伸びていないと、手のひらにぽつんと落ちる最初の雨滴なんて感じ取れませんから。人間て、なかなかすごいもので、そういう情景を思い浮かべてもらうと、それだけできれいにそういう動作ができる。

長く指導して分かってきたことの一つは、「存在しないもの」、今の場合でしたら「空から降ってくるかもしれない最初の雨滴」というものを想像してもらう。そうすると、身体がきれいに整う。「手のひらに落ちた雨滴」じゃないんです。「手のひらに落ちてくるかもしれない雨滴への期待」なんです。それには身体を整える働きがある。これを「あなたの右腕を手のひらを上に、右斜め上方仰角六〇度で二〇センチに差し出してください」というような指示を出すと、もうがちがちになってしまう。つまり現にそこにある現実の身体を意思によって統御しようとすると、身体はうまく動かない。でも、「そこにないもの」を想像的にどうにかしてみてと言うと、身体はきれいに動く。僕はこれに気づいたときに、人類が「物語」というものを必要とする理由はこれじゃないかな……とふっと思ったんですよね。

掃除で開く身体

安田　身体技法って「物語」か「韻文」でしか伝えられませんね。そうそう、近頃の人は、手のひら、足のひら、特に足のひらを全然使っていませんね。

内田　使ってないですね。畳は感触がいいんです。合気道では素足で稽古しますから、畳の感触が気持ちいいと、足のひらがその分だけ敏感になります。やはり汚いところで稽古していると、足の裏が硬直するんです。砂とか髪の毛が落ちていたりすると、それだけで足のひらの感度が下がる。目に見えて動きが悪くなる。だから、「掃除をしろ」というのは別に精神論じゃないんです。道場はきれいであるほうが、あきらかに術技のパフォーマンスが向上するからなんです。皮膚の感度を上げても不利益がないと分かっていないと、人間は身体を解放しませんから。

安田　能舞台はきれいですよね。

内田　きれいですね。

安田　能舞台は、まったく汚れのないところまで、内弟子がぴかぴかに磨いているんです。あれは気持ちがいい。

内田　内弟子の仕事は掃除、掃除、また掃除ですね。凱風館《がいふうかん》もそうです。

安田　うちの先生が薪能《たきぎのう》を主宰していたときも、僕たちも薪能の舞台を拭きました。何度も何度も雑巾《ぞうきん》がけをします。外の場合は、普通に水で拭いたあと、乾《から》拭きしますが、外の舞台であっても舐《な》めてもきれいなくらいまで徹底して掃除をします。そうしなければ、やはり能はできない。

内田　体の感受性を最大化することが必要な身体技法の場合、場を清浄な状態に保つということは絶対に必要だと思う。以前、ある大学の道場で稽古をしたことがあるんですけれど、汚いんですよ。畳の上はかろうじて掃き掃除くらいはしているんでしょうけれど、板の間の隅のほうにはごみが散らかっている。そこを使っている人たちが誰もこの場所を清浄にすることが自分の責任だと思っていない。稽古指導を頼まれたんですけれど、道場に一歩入ったときに、この道場で稽古してても気にならないというような感性だったら、武道やっても意味ないなという気がしました。

言いたくないけど、学校もそうなんですよ。教室も本当は清浄な空間でなければ意味がないんです。わずかな言葉の端々《はしばし》から、叡智《えいち》の手がかりを探そうという場所なんですから、身体のセンサーが全部最高度にまで高まっていなければならないのに、机や床が汚れていたら誰も身体感度なんか上げないですよ。国公立大学とかはひどいんですよ。予算があるから、備品なんかは高額なものが揃っている。でも、汚い。メンテナンスって、金の問題じゃなくて気づかいの問題なんです。自分たちの学びの場は清浄なものに保たなければならないという覚悟がないと清浄な空間は作れないんです。掃除のおばさんがやってくれるからいいんじゃないの、という態度では学びの場は起動しないです。悪いけど、あんな汚い教室じゃ学術的なイノベーションなんかできないと思う。「難しい研究に夢中になっているので、掃除する時間なんかあるかよ」ということをアピールしたいのかもしれないけれど、汚い空間ではイノベーションは起きませんよ。いや、そういう気分は僕だって分かるんです。夢中で仕事しているときは忙しくて掃除なんかまで手が回らないから。でも、自分でやってて分かるんですけれど、仕事の「山場」というか、「切所《せつしょ》」というか、ここはふだんの力の一二〇%出さないとクリアーできないような難所に突き当たったときは、やっぱり仕事を始める前に、少していねいに机の周りを掃除して、書斎を片付けますよ。周りが散らかったままでは、知性の活動もどこかで閉じ《ヽヽ》てしまうから。微妙なんですけれどね、その辺に汚いものがあると、どうしても知性の働きものびのびしなくなる。

幸田文《こうだあや》の『父・こんなこと』に幸田露伴《ろはん》が娘の文さんに掃除の仕方を教える場面があり

ますけど、これがすごいんですよ。最初に拭き掃除から教える。水の扱いから教える。掃除は奥が深いぞ、と言ってね。掃除することそれ自体が文化なんですよ。日本人はお掃除文化というのを見失って久しいですね。

安田　僕たちが師匠のところに入門したときも、まずは師匠宅の掃除でした。窓も、あらゆる窓を完璧にきれいにする。これはわりと実用的な意味もあって、僕の場合はほぼ同時に入門した人がいて、二人でやるんですが、あまりにも暇なので、二人で謡を謡いながらやる。そのうち覚えてしまうんです。

内田　なるほど。

安田　やはり何日間もかかりますから、何日間もやっているうちに謡を覚える。

内田　『ベストキッド』という映画で、ラルフ・マッチオ演ずるダニエル君がミヤギさんのうちでペンキを塗ったり、車にワックスがけしたりという修業をさせられますけど、あれも東洋的なお掃除教授法ですね。

安田　そうですね。広いところも屋根裏も何度も何度も雑巾がけをするのですが、はじめの頃はすごく辛くて、もう嫌だと思っていました。それが、あるとき全然辛くなくなって、楽に雑巾がけができるようになったんです。そのとき、たぶん足腰が変わったのだと思います。

内田　私立のミッションスクールでは、今でもそういうことをやっているところがあるみたいですね。お掃除時間になると全員着替えて、長い廊下をだだだーっと拭き掃除をする。

安田　箱根神社で子どもたちに稽古をしていますが、やはり最初に稽古場の雑巾がけをします。子どもたちはみんな、楽しそうに雑巾がけをします。はじめはみんなきつそうですが、ずっとやっていると足腰が変わってくるのでしょうね。

内田　やりながら、結構いろいろなことを話している。無言ではできませんからね。

安田　遊びながらやっています。

内田　謡をやりながらというのはいいですね。

本当の敬意が心を開く

内田　『おくのほそ道』を歩くプロジェクトでは、不登校やニートといった、コミュニケーションがうまくできない子たちを集めていらっしゃるんですよね。

安田　はい。

内田　どうしてそういう子たちが、安田さんのまわりに集まってくるんでしょう。

安田　僕がニートっぽいからでしょうね（笑）。

内田　安田さんは本当に教育者として素晴らしい人だと思います。一人一人の子どもたちの中に豊かな可能性を見ているというか。安田さんて「できない」からと言って叱《しか》ったりしないでしょう。

安田　叱ってもね。あまり意味ないですね。学校の先生からは「自分だったらあそこで口を挟《はさ》むけれども、黙っていられるのは忍耐強いですね」と言われるのですが、これは忍耐ではないですよね。忍耐でやったらできません。

内田　我慢しながら教えるということはできないですね。僕も楽観的な人なんです。どんなにできない子でも、可能性がゼロだとはどうしても思えない。ここまで才能がないというのも一種の才能といっていいのではないか、と（笑）。人の話も聞かないし、自分の意見も言わない人っていますけれど、こういう頑《かたく》なさもある種の誇るべき個性なんだと思う。だから、ほんとうに「たいしたもんだな」としみじみ眺めてしまう。心からそう思っているから、僕の眼から「敬意のオーラ」が向けられていることが本人にも分かる。そうすると、どんなに頑なな人でもちょっと心が開くんです。自分が「しみじみ感心されている」ということは、どんな人間でも分かる。閉じられた扉を解錠する鍵があるとすれば、それはつくりものではない本当の敬意だと思うんです。愛情じゃなくて。人間て、愛情にはあまり反応しないんですよ。でも敬意には鋭く反応する。犬でも猫でもハムスターでも愛情の対象になるじゃないですか。でも、人間はそれだけでは心を開かない。なぜか。たぶん人間は、他人に愛されたときには「愛されて当たり前」というふうに他人の愛情を既得権益に算入してしまう自分勝手な生き物だからなんだと思う。でも、敬意はそうはゆかない。敬意は「この人には何か余人《よじん》をもっては代えがたいところがあるな」という評価を含んでいるから。それは言い換えると「この世に存在していることの意味」なわけです。あなたはこの世に必要とされている。あなたはこの世に存在する権利がある。あなたにしかできない仕事がこの世にある。それが敬意が伝えるメッセージじゃないかと思うんです。だから、いくら「愛している」と言っても開かない心が、無言の敬意に対しては反応するということが起きる。教える人たちって、でもそのことをけっこう勘違いしているんじゃないかと思う。子どもたちに対する溢れるような愛情があれば、きっといつか気持ちが通じるって信じている教師がいますけれど、残念ながら、この期待はしばしば裏切られる。愛情って、意外に報《むく》われないものなんです。でも、敬意にはどんな頑なな子どもでも反応する。愛よりも敬意のほうがより強く自分の存在を認めて、自分の価値を評価するものだということが直観的に分かるから。

プロテクトする身体

安田　昔からすごく興味があったんですが、小学校には、授業中に寝ている子はいないのに、中学になると急に出現しますでしょう。すごく不思議だと思って。

内田　本当ですね。小学校で子どもは寝ていないですね。あれ、どうしてかな。僕は教師の側の気づかいのかたちが変わるからじゃないかと思います。小学校まではかなり細かく個体識別されているのが、中学になると個体性が希薄になる。制服を着せられたりすると、もう「マッス」じゃないですか。寝ている中学生も、「寝ている中学生」という非人称的な、役割演技的なところにはまりこんでいて、必ずしも固有名詞で、自分の実存を賭けて寝ているわけじゃない。だからじゃないかな。

前に高校の先生と教育について対談したことがあって、話の内容はすごく面白かったんですが、何となく微妙に僕と立ち位置が違うなあと思っていたら、クラブ活動の話になったときに違いが分かった。クラブではこういうふうに指導しますという話になったら、この先生、部員たちを「おまえら」と呼ぶことが分かったから。僕は絶対にそういう口のき方をしない。その先生はとてもいい先生だと思うんです。生徒のことを愛しているし、個性も尊重していて、生徒からも好かれていると思う。でも、僕は生徒たちに対して「おまえら」という言葉づかいをする人を前にすると、一瞬ひるんでしまうんです。自分が彼の生徒であることを想像して、彼から「おまえら」と言われたら、必ず身体が微妙にこわばる。別に、その先生だけがやっていることではないんです。日本中の中学高校の先生たちの中で、特に熱血漢で、子どもたちの中に「飛び込む」タイプの教師の一つの「型」なんです。そうすることによって生徒との間合いを詰めて、特別な絆《きずな》を形成できるという経験則が世代を超えて伝わっている。でも、僕はダメなんです。子どものときから、先生にこういう言い方をされると、身体がこわばって、心が閉じてしまう子だったから。前にある中学校の先生で、生徒の中に飛び込んで厚い信頼をかちえているという人の話をラジオで聴いたときも、そうでした。この先生もやっぱり「おまえら」なんです。正直、僕は「この人の生徒でなくてよかった」と思いましたから。

安田 そうですね。「人間」として扱われていないように感じますからね。

内田 小学校まで、「内田君」と先生から呼ばれていたのが、急に「おまえ」になるとショックですよね。だから、授業を聴かなくなるというのは、一種の自己防衛じゃないかな。先生たちもふだんから生徒に対して敬語を使ったらどうかと思うんです。僕は大学では当然ながら学生に対しては敬語で話すわけです。でも、学生に「〇〇さんのご意見はどうですか」と訊くと、最初のうちはみんなびっくりするんです。学校の先生から敬語を使って話しかけられたことなんか過去にないから。前に、ゼミで学生に一人一人意見を訊いたときに、うまく答えられないで絶句しちゃう学生がいたんです。だから、彼女が話し始めるまでそのまま黙って待っていたんです。しばらくして、ようやく口を開いて言ったのが、中高六年間教室で「自分の意見」というものを訊かれたことが一度もなかったので、どうやって話したらいいのか分からなかったということでした。質問に対して答えるというのはもちろんしているわけです。「日本の首都は?」「東京です」というようなQ&Aには答えているんだけれど、自分の意見をていねいに、つっかえつっかえでも語り出すという経験がなかった。教室でそれを聴いてくれる先生に会ったことがなかった。それを聞いて、ちょっと愕然《がくぜん》としました。

安田　そうですね。僕は若い頃、「いい教師」とは何かということを考えていて、そのときはX軸に「面白い」、Y軸に「成績」を置いて、この右上、すなわち古典の授業なら古典の面白さも教え、テストの成績でもいい点を取らせることができる教師を「いい教師」だと思ったのです。で、そのための授業のメソッドなんかも考えて、割合うまくいっていたのですが、でも、数年経って、これは違うんじゃないかと思い始めたのです。もう一つのZ軸が必要じゃないかと。それは、この教材なり、授業なりを通じて、今まで思いつきもしなかった自分なりの考えが出てくる、それがZ軸です。そのような授業じゃないと意味がないんじゃないかと思ったのです。X軸とY軸ならば教習所方式でもできますよね。教育が教育である意味はZ軸にあります。

ただ、生徒はそれに慣れていないから、せっかく自分なりの意見を持っていても自信を持って言える人はあまりいませんよね。

内田 教師には「聴き取る力」が必要なんだと思います。子どもを追い詰めて「おい、どうなんだ」と詰問して、子どもが何か言うまで意地悪く沈黙している先生はいますけれど、子どもが口を開くのを支援しながら待つ先生は少ない。でも、教師には子どもたちの知性が発動するのを待ち続ける忍耐力が必要なんです。口に出した言葉が教師に査定されると思うと、子どもは口を噤《つぐ》んでしまう。でも、何を言っても聴き取ってもらえる、査定されて点数がつけられるわけじゃないということを理解してもらえれば、子どもたちは必ず心を開き、口を開きます。

でも、今の学校教育は先生に忍耐なんか要求していない。質問や課題に対しての即答をそのまま採点して、子どもたちを格付けする。先生に要求されているのは「スピード感」であり「社会的ニーズへの即応」ですから。それが教育だということになっている。

長く人にものを教える仕事をしてきて、僕が確信を持って言えるのは、敬意と忍耐があれば、子どもたちの潜在可能性は高い確率で開花するということです。でも、ほんとうに時間がかかるんです。場合によっては、こちらが話しかけて、その最初の質問に答えるまで二年三年とかかかることがある。ある日学生が僕の部屋にやってきて、「先生が前におっしゃったことですけど……」と切り出して、自分の思いを語る。でも、それは僕が三年前に教室で彼女に向けた質問への答えだったということって、よくある話なんです。だから、教師と生徒が同じ空間の中で長い時間を共に過ごすということは、教育にとって死活的にたいせつなことだと思う。

第四章

教養を身体化する

――日本人は何をもって日本人たることができるのか

道徳と常識

安田　ある小学校で道徳の授業を見学させてもらう機会がありました。授業のテーマはチェーンメールでした。ある子が、自宅でたくさん生まれてしまった子猫が、そのままでは殺処分になってしまうというので、誰かもらってくださいというチェーンメールを出した、それはいいことか悪いことかというものです。先生が用意している結論は、「よくない。なぜなら『チェーンメールはよくない』という規則があるから」というものでした。子どもたちは子猫が殺されてしまうのはかわいそうと話し合っているのですが、その感覚は規則より下にある、だからチェーンメールはよくない、それが道徳というものだ、という授業なんですね。

授業後にほかの先生方や教育委員会の人たちで、この授業はどうだったかという評価のための話し合いがなされたときも、この結論は正しかったのか、そうではなかったのかという検証ではなく、既定の結論へ持っていくために、いかにうまくやったか、もうちょっとこうしたほうがうまくいったんじゃないかという、授業のテクニックばかりが問題にされました。これは僕が教員をしていたときにも感じていたのですが、どうも教育の現場では、まず結論なり理屈なりが先にあって、どうやってそこへ生徒を誘導するかという方法論が幅をきかせがちのような気がして、それをちょっと憂慮しているのです。

内田　チェーンメールはよくないし、子猫を死なせるのもかわいそうだし、結論を出すことができない。困ったな、ということでいいんじゃないですか。人生はうまくいかないものなんですから。現実は出来合いのロジックに簡単には収まらない。とりあえず「途方に暮れる」ということでいいんじゃないかな。

ルールは人間が自己都合で作ったものなんだから、人間の生身の判断のほうを優先させるというのは一理あります。でも、つねに社会的規範より人間的感情を優先したほうがいいのかというと、そうもいかない。感情ほどあてにならないものはないから。「子猫がかわいそう」という感情が存在するのと同じように「子猫なんてオレには関係ないね」という感情も存在する。どちらも「人間的感情」という点では等しい権利を主張できる。感情と感情がぶつかったら、他のレベルが介入して調停するしかない。そうやってごちゃごちゃしているうちに、何となく全員が不本意なかたちで暫定的な結論は出る。でも、それは一時的、局所的な取り決めにすぎないから、一般性は要求できない。ローカルで、期間限定的な取り決め。それでいいんじゃないですか。「チェーンメールはいけないけど、今回は惻隠《そくいん》の情止《じょうや》みがたくという子どもの心情を重く見て、オッケー」くらいの落としどころでいいんじゃないかな。

教育の場でも「矛盾した二つの原理が拮抗《きっこう》して、いずれとも決めがたい」ということを容認していいんじゃないでしょうか。現に、実人生がそうなんだから。二つどころか、三つも四つもの原理が錯綜《さくそう》して、決断しがたいということなんかしょっちゅうでしょ。その「いずれにも決めがたい」という状態を「人生のデフォルト」として受け入れたらいいと僕は思いますけど。そして、そのつどの「とりあえずの最適解」を考えたらいいんじゃないですか。こちらを立てれば、あちらが立たず、「プランA」だとこういうメリットとこういうデメリットがあり、「プランB」だとこう……というふうに計量的に判定すればいいと思う。「正義というのは計量的なものである」というのは僕の経験的確信なんです。原理的に思考するのは簡単で、計量的に思考するのは難しい。「原理的に正しいこと」を丸呑みして暗記すれば、あとはそれを機械的に適用すれば済むなんてイージーなことは許されない。そういう人間がいちばん「ろくでもないこと」をしでかすわけですから。

学校なんだから、少しずつでもいいから「難しいこと」を教えてゆかないと。だって、複数の視点から同一の問題を考察できるというのが知性のいちばん上質な働きなんですから。同一案件を「正しい」と見る立場にも、「正しくない」と見る立場にも、どちらにも立てるという可塑《かそ》性が人間知性の手柄なんです。

でも、ただ「こちらにも一理あり、あちらにも一理ある。よって判断保留」で全部済ませるわけにはゆかない。それはそれで「いかなる案件についても、是非の判断を下さない」という別の種類の原理主義になってしまうから。そんな怠慢な原理主義で世の中が渡れるはずがない。決めなきゃいけないときは、やっぱり決めなきゃいけない。

単一の原理に従って正否を決定することができないときには、何に基づいて決定するのか。それはもう常識しかないでしょう。常識はたいせつですよ。だから僕、学校で教科として教えるなら、科目名は「道徳」じゃなくて、「常識」にしたほうがいいと思ってるんです。

だって、「常識」は本質的に期間限定、地域限定ですからね。つねに、あらゆる場所で妥当する「常識」なんて存在しない。「そんなの常識じゃないか」って言う人に向かって僕たちはつねに「それはいつから常識になったんですか？　世界中どこでもそれが常識なんですか？」って反問できる。

「そんなの常識だろ」というのは、ある意味で「鶴の一声」として機能する。議論を打ち切るときの決めの一言なんです。それほど圧倒的な力を持つものであるにもかかわらず、まさにその強大な権限は「今、ここ」でしか通用しないという限定性によって保証されている。僕はそれこそが常識の手柄だと思っているんです。地域限定・期間限定という条件を受け容れる代償に、その場限りの決定権を委《ゆだ》ねられる。
だから、僕は子どもたちにはまず「常識」を教えるべきだと思っているんです。「つねに、世界中どこでも正しい原理」とか、「あらゆる場合に適用できるルール」に依拠するのではなく、そのつど「こういう場合はこうするのが、まあ常識だわな」という、そのつどのさしあたりの解を見出す力、それを育てることが、学校教育でいちばんたいせつな仕事だと思う。でも、そうなってないんですよね、今の学校教育は。教える側の大人たちに常識がないから（笑）。

安田　「道徳」とは本来、そういう曖昧《あいまい》なものだったはずです。孔子のいう「礼」や「徳」ですね。マニュアルではなく、その場、その場に応じて適した対応をしていくというものですが、国が大きくなると「礼」や「徳」だけでは対応できなくなり、やがて中国でも成文法としての「法」が登場してきます。

法家のリアリズム

安田　特に法家によって形作られた秦《しん》の律は有名です。法が成文化されると、今度はいかに守らせるかということが大事になってきます。どうも現代の「道徳」は、こちらになっできているような気がします。

内田　でも、法家の思想って、けっこう複雑で、一筋縄ではゆかないんじゃないですか。法家の第一人者というと韓非《かんぴ》ですけど、『韓非子《かんぴし》』に「矛盾」という話がありますね。楚《そ》の国に、「あらゆる盾《たて》を突き破る矛《ほこ》」と「どんな矛も跳ね返す盾」を並べて売っている武器商人がいた。通りすがりの人が「じゃあ、お前のその矛で、盾を突いたらどうなる？」と訊《き》いたら商人は絶句してしまったという笑い話がある。僕はずっとこれはただの笑い話だと思っていたんです。でも、改めて『韓非子』を読み返してみると、このエピソードは、どうやったら国は強くなるかという実践的な問いをめぐる考察の中に出てくるものなんです。

この武器商人のエピソードを引いておいてから、韓非は「聖人や賢者が国を支配すべきなのか、軍事的強者が支配すべきなのか」を論じている。でも、この問題設定って、よく考えると変なんです。法家というのは「国を支配すべきなのは強者であって、聖賢ではない」という主張を掲げる立場であるはずだから。でも、それだと「矛盾」しないわけです。強者の一元論、強者の原理主義ですから。でも、韓非がここで論じているのは「国を強くする」というきわめてプラクティカルな問題なんです。そして、そのためには国が原理主義的ではあってはならないということに気づいた。国内でつねに「矛盾」の力学が働いている必要がある、韓非はたぶんそう考えたんだと思います。

兵器だけについて考えてもそうでしょ。武器の進化というのは、「あらゆる盾を貫く矛」と「あらゆる矛を跳ね返す盾」が併存することではじめて可能になるわけですよね。もし、「あらゆる盾を貫く矛」だけが、あるいは「あらゆる矛を跳ね返す盾」だけが単品で存在したら、それが「最終兵器」になる。それでもう終わりです。そこで武器の進化も終わるし、極端なことを言えば、人間の進歩も終わる。歴史も終わり、文明も終わる。だって、最終兵器を手に入れたものが世界の権力も財貨もすべて独占することになるわけですから。欲望の熱死状態のような、涅槃《ねはん》状態が生じる。

だからこそ、「あらゆる盾を貫く矛」の横にはつねに「あらゆる矛を跳ね返す盾」が置かれていなければならない。矛盾があるから、イノベーションがあり、歴史があり、文明の進化がある。そこでしか生命は生き延びられない。

六〇年代米ソの核競争というのは、「完璧な先制核攻撃システム」という「矛」と「完璧な迎撃システム」という「盾」の間で展開したわけですよね。あれは「矛盾」のナンセンスを全世界的な規模で展開したものだったわけで、そのために世界は核戦争の瀬戸際《せとぎわ》まで行った。でも、そのときに学んだこともある。それは、戦争テクノロジーはどれほど進化しても、「最終兵器」を作り出すことはできないということと、「最終兵器」は存在すべきではないということです。

僕は韓非の教えもそういうことだと思うんです。「聖賢が支配すべきか」という問いと「強者が支配すべきか」という問いは、「最終的解決」に至らないままに、永遠に拮抗し続けるしかない。そして、そのような未決状態のうちにある国こそが実は最強の国なのだ、と。

たしかによく考えれば、そうなんです。夢見がちな理想論ばかり語っている人が支配している国は簡単に攻め滅ぼされてしまう。逆に、弱肉強食の原理が支配している国では「万人の万人に対する戦い」がデフォルトだから独裁者はすぐに暗殺され、中央政府のハードパワーが落ちたとたんにクーデタが起きる。政体としてはきわめて不安定です。だから、いちばん現実的なソリューションは「聖賢の意見を聞くべきときは聞き、強者の意見を聞くべきときは聞く」という矛盾した統治システムを持つことなんです。たぶん韓非はそう考えたんだと思う。

単純な原理で統合されたシステムは弱い。そんなの当たり前なんです。拮抗する複数の原理が同時に、同じ空間で共生できるようなあり方が生命活動にとってはたぶん最も望ましい環境なんですから。

本当にリアリストな政治家なら「矛盾する統治システム」を設計するはずなんです。政治というのはつきつめれば、さまざまな原理で作動する複数のシステムの利害得失をどう調整し、統御するかという技術なわけですから。正しい原理を一つだけ採用して、それに則《のっと》って国を運営すれば万事うまくいきますという話だったら誰も苦労しませんよ。どんな政策を施行しても、必ずそれに反対する勢力があり、別の原理が衝突してくる。

外交の場合は必ずそうなる。隣国と自国の間には必ず国益の対立がある。利益相反がある。それに対して、つねに正しい唯一の原理で対応していたら、のべつ戦争しているしかない。それよりは、「私には私の立場があり、あなたにはあなたのお立場というものがある。どうですここはひとつナカ取って」というのが外交術の要諦であり、政治の要諦なんです。複数の原理を共生させるための対話の技術、それが古代からずっと探求されてきたんじゃないでしょうか。

ユダヤ人が継承してきた「知性の使い方」

内田　たとえば、ユダヤ教では聖句についての単一の解釈がありません。根本教典であるタルムードにしても、バビロニア・タルムードとエルサレム・タルムードの二つのエディションがあり、タルムード解釈についての学問的権威を持つ法院も二カ所にあり、同時代にはつねに二人の偉大なラビが出現して、それぞれ違う学説を立てています。ヒッレルとシャンマイ、ラビ・アキバとラビ・イシマエル、ラヴとシュムエル……。ある律法の解釈に関して、一方のラビが「こうだ」と言うと、もう一方のラビが「違う」と言う。そして、それぞれが自説の論拠として、聖句を次々と引用する。碩学《せきがく》同士の論争ですから決して決着することがない。なぜ論争が続くかというと、聖句、律法についての解釈はつねに開放状態に置かれていなければならないからです。タルムードをめぐる対話で何よりもたいせつなことは「最終的解決」を自制し、聖典を未来の律法学者に向けて、矛盾し、対立を含んだ状態のまま「パス」することなんです。

　ノーベル賞受賞者数にユダヤ人がとんでもなく多いことはご存じですよね。医学生理学賞の受賞者のうちユダヤ人比率が三〇％、経済学賞なんか四九％です。ユダヤ人というのは総人口一五〇〇万人の集団です。七〇億分の一五〇〇万、世界人口の〇・二％しかいない。だから、この受賞比率はどう考えても異常なんです。

　これはユダヤ人が集団的に継承してきた「知性の使い方」によってしか説明できないと僕は思っています。彼らが例外的なペースで知的イノベーションを担《にな》いえた理由は、「だから、早い話がどっちなんだよ」「さっさと白黒決めようぜ」ということを知性のふるまいとして許さないというところにあるんだと思う。もちろん、そこで、「じゃあ、決めるのやめよう」ということになったら知性の活動も止まってしまう。だから、決まらないことをめざしつつ、限界まで自説を主張し、相手を論破しようと、熱い議論を続ける。そして、およそ記録するに値すると思われた主張は網羅的に記録してゆく。ユダヤ人はそうやって彼らの知性を活動的な状態に維持するノウハウを磨き続けてきたんだと思います。

安田　中国の経書《けいしょ》の注釈もそうですね。中国の古典を学ぶ人が必ず読む『十三経注疏《じゅうさんけいちゅうそ》』は、十三の基本経書の本文に小さな字でさまざまな注釈が書かれていて、それぞれ違う意見を述べている。どれが正解とかない。これは『十三経注疏』に限らず、中国の古典の注釈書はみなそれが基本です。日本のものですが、冨山房《ふざんぼう》の漢文大系の、たとえば『周易《しゅうえき》（易経《えききょう》）』では、十三経注疏のメインの注釈者である王弼《おうひつ》のものと、伊藤東涯《いとうとうがい》の注とが併記されています。王弼は二四歳で早世した三国時代の魏《ぎ》の学者ですが、彼が注したのは『老子《ろうし》』と『易（周易）』だけという道家系の学者です。それに対してもう一人の伊藤東涯は『論語古義《ろんごこぎ》』や『孟子《もうし》古義』を著した伊藤仁斎《じんさい》の長男ですから江戸中期のバリバリの儒学者。相反するこの二人の説を併記するのが漢文の伝統でした。

　儒教的な「徳治」と法家的な「法治」も、漢代以降はどちらが正しいというよりも、別レイヤー上に存在した相反する装置と考えられると思います。前代の秦の法に過酷なイメージをつけるために、漢代、特に武帝《ぶてい》以降に儒教が重視されて「徳治」が「法治」よりもいいようにいわれるようになりますが、実際には「徳治」だけではすでに国は治まらないほど大きくなっていました。そこで基礎のレイヤーに「法治」を置き、法で基本的に国民をコントロールしておきつつ、でもコンセプト的には「徳治」が大事というような政策を採っていました。この両者はときにはバッティングするのですが、だからといってどちらが正しいというような結論には性急には走らない。これは、中国の伝統的な「徳」や「法（律令）」を受け継いだ日本もそうですね。その不安定さに耐えるというところに古代中国や昔の日本の知性があったと思うのです。

内田さんは、今の日本の社会にはそうした知的な不安定さに耐える力があると思われますか。

内田　潜在的には誰にでもあると思いますよ。ユダヤ人の例外的な知力だって、文化的伝統の効果なんですから。

矛盾した複数の原理の拮抗

安田　能というのは、まさに内田さんがおっしゃる「不安定」であり、「矛盾した複数の原理の拮抗」そのものです。シテ方、ワキ方はもちろんのこと、囃子方《はやしかた》も大鼓《おおつづみ》、小鼓《こつづみ》、笛、太鼓と、みな違う流派に属します。違う流派ということは、持っている台本や手附《てつけ》（楽譜）が違うということなのです。だからといって一緒に練習をしたりすることはありません。「申し合わせ」というゲネプロのようなものが、基本的には一度あるきりです。ですから本番で「おお、そう来たか」と驚くようなことがよくあります。舞台が始まって最初のほうは何となくちぐはぐということもありますが、それが舞台が進むにつれて合ってくるというか、熟成してくるというか（笑）。

内田　だから、能は面白いんですよね。指揮者もいなければ、リハーサルもない。

安田　はい。そして、それだけでなく能の舞台そのものにも拮抗する力が働いています。

内田　能舞台の構造にも？

安田　はい。内田さんも能を稽古されているうちに気づかれたかもしれませんが、橋掛《はしが》かりは本舞台に向かって、わずかに登り坂になっています。ただでさえ舞台に出ていくのは心理的に大きな抵抗がありますが、それをさらに、物理的に引き留められる。そこで引っ張ってくれるのがお囃子なんですが、出ていこうとする力と引き留めようとする力、その拮抗を作ることによって、彼岸の世界へぐっと引きずられていくシテ、という表現が自然に生み出されるような舞台構造になっているのではないかと思うのです。

前（第一章）にお話ししたように、建築技術者と芸能者というのはどうも繋《つな》がりがあったようなのです。となると舞台にもさまざまな仕掛けをしたはずです。これも世阿弥の仕組んだことだとしたら、恐るべしです。

分かるための努力をあきらめる

安田　どこかに安易に帰着しない「不安定」さを楽しむということは、一つは「分かる」ということをあきらめるところから来ると思うのです。「分かる」は「分ける」です。僕たちは分からないことは不安なので、「ああ、これはこうね」と自分の知っているどれかの範疇《はんちゅう》に分けて、解決したくなります。

今日の対談は公開対談で、最初に内田さんと『井筒《いづつ》』を謡《うた》いましたが、おそらく多くの方にはちょっとストレスだったんじゃないかと思うのです。だいたいの方が、僕らが何を謡っているか分からなかったはずです（笑）。能の謡《うたい》を稽古した人が聞いたら、知らない人よりは聞き取ることはできたかもしれない。でも、それが分かるかというとちょっと違うと思うのです。僕たち能楽師だって、新作能の詞章《ししょう》を聞いたら、やはり分かりません。

書かれたものは分かるのが当たり前、あるいは書く人は分かるように書くのが当たり前というのは実はちょっと違って、「分かること」を前提として書かれていないテキストが、日本語の中に少なからず存在しています。能の詞章などはその代表です。

能の謡を聞くときには、断片的に聞こえてくるさまざまな音や言葉を自分の頭の中で組み立てていく。そこに立ち上がってくるイメージを楽しめばいいのです。それを「分かろう」とした瞬間に眠くなります。「能を分かりたかったら一〇〇回見なさい」という人がいますが、一〇〇回見たって分からないものは分からないし、眠くなるものは眠くなります。一〇〇回見るというのは、これは「分かる」ための努力をあきらめなさい、ということなんです。その努力を手放した途端に、能は突然面白くなってきます。

とかく僕らは「分かること」を中心に世界を理解しようとするクセがありますが、これは無数にある世界の理解の仕方の一つにすぎず、「分からない」という理解の仕方もあるということも大事なのです。

鳴らない笛

安田　確かメルロポンティの著作だったと思うのですが、うまいオルガン奏者はどんな教会に行っても、二、三時間いじれば、その教会のオルガンをそこそこ弾きこなせるというようなことが書いてありました。これは奏者が主体で、オルガンをコントロールするという考え方です。ところが能管の奏者である槻宅聡《つきたくさとし》さんから聞いたことなのですが、いい能管はそういかないそうなのです。師匠から「これはどうだ」と能管が譲られることがあります。それはだいたい数百年前のもの。こういう能管は吹いても、いい音がまったく出ない。それはその能管が師匠の息によって作られているからです。で、何年か吹いているうちに音が出だす。でも、それは気持ち悪い音だとか。師匠と同じ音がするからです。これは師匠の息で作られた笛によって、自分の息が変えられてしまったということです。で、さらに数年、十数年と吹いていくと、やっと自分の音で鳴り出す。自分の息によって笛が変わり、そして笛によっても自分の息が変わる。この二つの効果が相まって、笛が鳴ってくるのです。息も笛も、互いに変化していくもので、しかも何十年という時間がかかるのがふつう。決してどちらかが、どちらかを一方的にコントロールするというものではありません。

内田　鍵盤楽器と管楽器とでは作りが違いますからね。鍵盤楽器は本来アナログな音波の繋がりをデジタルに切断して、同じキーを押せば取りあえず誰でも同じ音が出せるように作った楽器ですけど、笛も鼓も、素人がやっても最初は音が出ません。

能に『天鼓《てんこ》』という曲がありますけれど、あれは天鼓という名鼓が「天鼓」という同じ名前を持った人間によってしか鳴らすことができないという話です。楽器と奏者の間の関係は一回的なものであって、楽器が変わっても、奏者が変わっても、同じ関係は再現できない。これは能楽の音楽観をストレートに反映していると思います。

だから、能の楽器は、安田さんが言われるように、「わざと音が出ないようにしてある」んだと思います。楽器と奏者の間に双方向的な関係がある。楽器が奏者を作り、奏者が楽器を作る。そういう相互にはまり込んだ関係にならないと音が出ない。そういう構造になっているんじゃないかな。

それって、居合いの納刀《のうとう》とちょっと似ている気がするんです。納刀って、要するに鞘《さや》に刀を納めるというだけのことなんですけれど、これがけっこう難しい。鞘は木製で、刀は鋼《はがね》ですから、無生物同士なんです。無生物と無生物は相性が悪い。両者の間に何か媒介物をはさまないと刀は鞘に納まらない。それが人間の生身《なまみ》なんです。鯉口《こいぐち》を左手で握り込み、親指と人差し指の間に切っ先を入れるんです。鞘にじゃなくて、自分の指と指の間に刃を差し込むんです。そのときの刃と指の隙間《すきま》って二ミリくらいしかない。刃が指に触れたらすぐ切れる。でも、指と指の間に刃を差し込むようにしないと、切っ先は鯉口に納まらないんです。生き物をインターフェイスにしないと、刀は機能してくれない。それって、能の楽器のありようとなんか似てませんかね？

安田　しかもそのアマルガムは一対一でないと生まれない。まさに不安定な構造。たぶんヨーロッパの文化は、「より鳴る楽器」を作ることを奨励し、初めから鳴らない楽器というものを許さないでしょう。

能は一義的な解釈を許容しない

内田　実は、僕は能についてあるアイディアがありまして、玄人の立場からご検証いただけないでしょうか。ご存じのとおり、僕の妻は大倉《おおくら》流の小鼓方能楽師で、先般、ある英語能に出たんです。この公演のときに僕は解説を頼まれたんですが、申し訳ないけれど、お断わりしてしまったんです。というのは、英語能に限らず、新作能というものに対して僕はなんとなく気持ちが片付かないところがあるんです。なんか違和感を覚えるんですね。見れば面白いんですけれど、「なんか違うよな」っていう気がして。

これはなぜだろうかと考えてみたんです。なぜ違和感を覚えるのか。それはたぶん「能とは何か」という定義に関わることだと思ったからです。能の形式は非常によくできていますから、どんなプロットを持ってきても、能「のようなもの」ができる。それくらいに伸縮自在でタフな「入れ物」である。僕が見た新作能も、形式はきちんと定型通りで、ただ詞章が日本語から英語に替わっただけなんです。だから、それだけのことで「これは能じゃない……」と思ったわけではない。では、違和感の因《よ》って来るところは何かと思って、最終的にたどり着いた結論は、「話が分かりやすい」ことだったんです。

話が分かりやすいんです。一義的な解釈が可能なんです。もう一つ付け加えると、新作英語能には「知識が要らない」ということ。「知識が要らない」ということは、言い換えると、能を見ても「知識が増えない」ということでもあります。

能には中国の故事・成句、仏典や漢籍や日本の古代史、『平家物語』や『伊勢物語』や日本各地の民話や伝承がぎっしり詰め込まれていますよね。だから、それについての基礎知識がないと、能はよく分からない。観客の側の教養知識の有無によって、鑑賞している能の味わいや奥行きがぜんぜん違ってくる。同じ舞台を見所《けんじょ》から三〇〇人が観ても、同一の解釈に帰着する可能性はたぶんない。プログラムに書いてありますから「あらすじ」くらいは分かるにしても、その能を見ている一時間なり一時間半なりの経験がもたらすものには個人差がある。「何を言ってるのか、まったく分からなかった」という人もいるし、見たことで人生観が変わったという人もいる。

それに比べると、このときの新作英語能はすべての言葉が理解可能なんです。舞台上の出来事を理解するために特段の予備知識が求められない。歴史についても、文学についても、神話や伝承についても、予備知識がなくても話は分かる。僕が言った「分かりやすい」というのはたぶんそのことなんです。作者は能楽の裾野《すその》を広げるためにあえて何の予備知識なしでも見られる「ハードルの低い能」「理解しやすい能」を作ろうとしたんだと思います。でも、そのせいでむしろ「なんだか能らしくないもの」になってしまった。そのときに僕が思いついた能の定義の一つは「能は一義的な解釈を許容しない」ということだったんです。安田さん、いかがでしょう。

能が六五〇年も続いている理由

安田　それは重要なご指摘ですね。先ほどの話のように、能はたしかに分かりづらい。能を分かりやすくしようと、能の中に詰め込まれている本説をすべて説明したものにすると、おそらくもとの詞章の二〇倍ぐらいの分量になるでしょう。しかも、よけいに分からなくなる（笑）。それは能だけではなくて、日本の古典すべてについて言えることですね。この、分かりにくいものを分からないままに受け取って、それをどう楽しめるかということが大事だと思います。

ただ、この分かりにくいものを楽しむにもいろいろ方法があって、一つは完全に身を預けちゃうという方法。これができるのが一番いいのですが、最初はなかなかそうはいかない。そこで、最初の頃はいろいろ読み解いてみようとするのもいいと思います。ただ、「読み解く」といっても、図像学的な読み解きとは違います。西洋の図像学では、たとえば鷲《わし》がいたらヨハネで、ライオンがマルコ、牛がルカで、人間がマタイなんていうふうになったり、あるいはステンドグラスのある絵が聖書のどこの象徴だとか、そういうふうになりますが、日本の場合はもうちょっと複雑です。

たとえば東京にある柳沢吉保《やなぎさわよしやす》の六義園《りくぎえん》。

内田　大名の庭園ですね。

安田　はい。これは東京ドーム二個分ぐらいの大きさの庭園の中に、紀伊《きい》の国などの名所が再現されています。和歌の名所で名高い和歌浦《わかのうら》と花の名所の吉野山《よしのやま》の名所が中心です。庭園内には名所の名が刻まれた数十センチの石碑が立っていて、これらの多くが和歌と呼応していて、今のAR（拡張現実）マーカーのような機能を果たしているのです。たとえばここに「でしほのみなと（出汐湊）」という名が刻まれた石碑があり、その前に立ったとします。するとそのARマーカーに刺激されて、その人の脳内ARが発動して、まずは「和哥の浦に月の出汐のさすままに夜鳴く鶴の声ぞさびしき」という歌が浮かびます。目の前には和歌浦を模した景色があるのですが、発動した脳内ARは目の前の景色を拡大・拡張し、実際の和歌浦ほどの大きさにするし、不足部分を補う。そして、仮に今が昼であってもそこは夕方になる。そして、月が出てくるとともに、静かな水が動いて潮が満ちてくる。汐待ちをしていた船が湊《みなと》を出ていくさまも見える。今までの干潟《ひがた》に水が満ちてくるので、そこにいた鶴の群れが葦原《あしはら》を目指して飛び立ち、悲しそうな鳴き声を中空であげる、そんなイメージが浮かんできます。しかも、そのイメージを浮かべる人のほとんどは実際の和歌浦に行ったことがない人なので、おのおの勝手な妄想を立ち上げるのです。しかも、それが目の前の景色に重なる。

また紀ノ川を模した「紀川」という石碑では、それこそ脳内でしかできない、時空間を超越した四次元ARを立ち上げます。この紀ノ川は、別名「吉野川」とも呼ばれるように、ここ六義園の二大名勝、和歌浦と吉野山を繋ぐ川。この石碑で脳内に浮かべるべき句は『万葉集』の代表歌人である人丸《ひとまる》（柿本人麻呂）の歌。そして、紀ノ川は『古今和歌集』の歌人である紀貫之《きのつらゆき》。すなわちここは和歌浦と吉野山という空間を結びつけるだけでなく、奈良時代の『万葉集』と平安時代の『古今集』とを結びつける、時間をも結びつける川なのです。この時空間を超越したものといえば、当時（江戸時代）の人ならば必ず能『高砂』が思い出されたはずですし、その「月もろともに出汐の」の謡が、対岸にある石碑「出汐湊」と呼応することにも気づくはずなのです。

こんな脳内ARのためのARマーカーである石碑は八八個あります。今は立ち入り禁止の場所もあるので、確認できるものは一六個しかありませんが……。六義園は、そういう脳内AR、すなわち見立てのために仕掛けられた庭園なんです。それができないと、ただ「わー、きれいだね」で終わってしまう。まあ「わー、きれいだね」で終わってもいいんですが、いろいろな古典を知っていれば、見えるものや考えることがまったく違ってきます。

しかし、ここで大事なのは「こんな景色を見なさい」というマニュアル的なものはない。方向性はあるのですが、そこで何を見るかはその人にゆだねられているのです。これは、能作者が、自作の能をこんな方向で理解してほしいと観る人に強要しないのと同じだと思うんです。いろいろなアイテムをぽんぽん曲の中に投げ入れるけれど、何を拾っていくかは観る人まかせ。観ている人のそのときの精神状況、そのときの教養によってまったく異なります。

能が六五〇年も続いている理由には、そんな「観る人まかせ」の仕掛けがあるのだと思います。これも、世阿弥の仕組んだ巧妙な仕掛けかもしれないといえば、言い過ぎでしょうか。

寄り道の愉《たの》しみ

内田　なるほど。文学用語を使えば多声《ポリフォニック》的な構造になっているということですね。多種多様な断片がはめ込まれて、それらがそれぞれ独特な音韻を発して、それが輻輳《ふくそう》して独特の和音を出す。その多声的な厚みが能の味わいである。実際に、詞章にはあまり話の筋とは関係のない言葉や挿話がどんどん入り込んできますね。ある言葉を発したら、その語の音韻やイメージから連想された関係のない言葉や出来事や歴史的逸話に話が飛んでゆく。話がまっすぐに進まないで、あちこちに寄り道する。その寄り道を愉《たの》しむのが能の詞章の味わい方じゃないかなと思うんです。「だから、早い話、あなたは何が言いたいのか？」という問いかけって、能に対してはありえないですよね。「早い話」なんか誰も求めてないから。中入りまでは、話があっちへふらふら、こっちへふらふらしている。後《のち》シテが出て来てようやく散らかった話がまとまってくる。

安田　そうそう。そして、そういうのを効果的に行なうのが和歌の修辞法ですね。たとえば能『藤戸《ふじと》』は海辺の物語で、理不尽に我が子を殺害され、海に沈められた母親がシテですが、彼女が息子の殺害者に会うんです。でも、相手は「そんなことは知らない」という。そのときの彼女の胸中が地謡によって「いつまでとてか忍ぶ山。忍ぶかひなき世の人の。あつかひ草も茂きものを何と隠し給ふらん」と語られます。この謡で使われている語は「忍ぶ山（信夫山）」や「あつかひ草も茂き」などの山系の言葉が中心です。そして、この「忍ぶ山」には『伊勢物語』の歌「しのぶ山忍びて通ふ道もがな　人の心の奥も見るべく」が隠されていますから、この風景が人の心の奥の心象風景であることが暗示されます。で、これらの山系の語が掛詞《かけことば》になって「忍ぶ」とか「茂き」とか、そういう心象の語を導き、今彼女がいるのは海辺なのに、母の心中には荒涼たる陸奥《みちのく》の山がそびえ、思いが乱れ、はびこり扱いかねている扱い草（菊）の群生、そんな心象風景が謡われます。水を湛《たた》える海辺だからこそ、潤《うるお》いを失ったその荒涼さが母の心情と重なってより悲しいのです。

内田　それに能の中にはたくさん当時の流行歌が採り入れられていますよね。僕は今『葦《あし》刈《かり》』の「笠の段」の稽古をしているんですけれど、あの中に出てくる葦刈りの売り声、「ざらざらざらっと」なんて、あれ、当時の流行歌でしょう？

安田　そうですね。不思議な拍子で。

内田　それまでの謡といきなり音調もビートも変わりますよね。別にそういう音楽を入れなければいけない物語的な必然性なんかないんです。でも、当時の流行歌である今様《いまよう》を「ちょっと入れてみますか」という感じで挟《はさ》み込んでしまう。

安田　『自然居士《じねんこじ》』や『放下僧《ほうかそう》』もそうですね。

内田　能をリアルタイムで見ていた観客にとっては、そういうのが「おお、アヴァンギャルドだ」という感じで喜ばれたんでしょうね。ブレヒトの「異化効果」みたいに、昔の話をしているさなかに突然いま流行している音楽が入ってくる。「ちょっとやり過ぎじゃないですか」って周りの能楽師が尻込みしても、「いや、これでいいんだ。これがいいんだよ」と言い張ったシテ方がいたんですよ、きっと。

安田　そうそう。その「いや、これでいいんだ」があったから能は今までずっと存続してきたんじゃないかと思うのです。伝統といいながら何度もドラスティックな変化を繰り返していますものね。そのたびに「そんなのやり過ぎだ」って人と「いや、これでいいんだ」の人がいて、「これでいいんだ」の人が押し切って結局は継いでいく。

しかも、あの謡はシテ方の流儀によってみな違うので、囃子方は大変なんだそうです。能の基本的なリズム体系にも則《のっと》っていませんし。

内田　ある時代に大流行して、ふっと消えてしまう音楽って、ちょっと変わったビートでダンサブルな感じのものじゃないですか。

安田　段物（一曲の中心となる謡の一段）はみなそうですね。音調が変わり、そこだけ取り出しても成立する演目になっています。

能はラップ

内田　歌舞伎の『外郎売《ういろううり》』もそうですね。あれもストーリーとは直接関係なくて、物売りの曲芸的な話芸と声色だけ真似している。

安田　声音とリズムが受けたのでしょう。今はただの早口言葉になっていますが、実はあれは早口でやらないほうがオツだといいます。ラップっぽいですよね。

内田　あれはラップなんですか？　脚韻を踏んでる？

安田　能は、かつては今の二、三倍のスピードで演じられたという人がいますから、それでたとえばね「南無《なむ》や志度寺《しどじ》の観音薩埵《かんのんさった》の力を合はせて賜《た》びたまへとて」(『海人《あま》』の玉の段)と。

内田　確かに(笑)。

安田　ラップっぽいですよね。いとうせいこうさんに歌ってもらったんですが、完全にラップでした(笑)。でも、日本語の場合は押韻ではなく、内的な韻律がそう感じさせるのだと思います。しかも、最初のほうはこんなふうにはノッてはいない。それが進むにつれて完全に同期します。そこに至るところが面白い。

内田　東洋の音楽でも、西洋の音楽でも、結局人間が求めているのって「グルーヴ感」なんですよね。

安田　そうですね、グルーヴ感だと思います。ただグルーヴ感について具体的に説明したり定義したりするのはとても難しい。能のグルーヴって、またちょっと特殊でしょ。ジャズのグルーヴともロックのグルーヴとも違う。謡や囃子に引っ張られて、身体だけがそれにちょっと遅れてゆっくりとついていく。結局グルーヴって、「来るな、来るな、来るな」って引っ張られて、ロックの場合は割と早く「来る」んですけど……。

内田　そうそう、「来るぞ、来るぞ」でなかなか来ないときの引っ張られる快感ですよね。でも、グルーヴって何なんでしょう？　身体現象としては、息を止めて、動きを止めて、全身が「いつでも来い」という状態に仕上がっている感じですよね。どの方向から何が来ても、即座に反応できる。身体能力にいつでもトップギアが入りそうな待機状態になっている。ちょっとゆらゆら揺れながら。絶好調のバッターって、軽いトランス状態に入ると構えたときにバットの先が微妙に揺れるじゃないですか。あれがグルーヴしているときの身体のかたちなんじゃないかな。あと、オーケストラの指揮者が最初の音を出す前に、ぐいーと身体をそらせて一種の「ため」を作るときの揺れている感じとか。北辰一刀《ほくしんいっとう》流《りゅう》の千葉周作《ちばしゅうさく》は剣尖《けんせん》をゆらゆら揺らせる剣法を教えましたよね。「鶺鴒《せきれい》の尾《お》」という。これも「何が起きてもいきなり身体がトップギアに入る」状態のことだと思うんですよ。

安田　なるほど。ゆらゆら揺れていて、「いきなり身体がトップギアに入る」って、まさに能ですね。以前に演劇の方と一緒に海外公演をしたことがあるのですが、みなさん、楽屋にかなり前に入ってストレッチをしたり、発声練習をしたりされる。緊張していて、それを緩めているんです。でも、能ではストレッチも発声練習もしません。舞台直前まで「ふつう」の話をしている。精神状態も身体状態もふつう。ゆるゆるです。で、幕の前に立った途端にスイッチが入ってGOになります。この、「ゆらゆらGO」がグルーヴを引き出すために、とても重要かもしれません。

見る側を挑発する

内田　『玄象《げんじょう》』には須磨《すま》あたりの海辺に住む老夫婦が藤原師長《もろなが》の前で琵琶と琴を取り出して演奏する場面がありますよね。二人の老夫婦が演奏しているうちに、テンションが上がって来て……という場面の謡がやたら難しいんです、音程がうまく取れなくて。ふつうの謡の音程と違うんですよ。下川宜長《しもかわよしなが》先生に「なんでここだけこんなに難しいんですか」って理由を尋ねてみたんです。そしたら「これは雅楽だから」って。詞章でその前に「越天楽《えてんらく》」の話が出て来たので、続く謡に雅楽のフレーズを入れ込んでいるんだそうです。

能というのは、慣れていない人が見ると、最初から最後まで同じような組成のもので組み立てられているように思われるでしょうけれど、近くに寄って見てみると、音楽的にまったく異質ものが編み込まれているんですよね。いろいろな音源がリミックスされている。そういう意味では、今の音楽でいうところの「サンプリング」と同じことをしているわけです。だから、聴いている人の音楽的記憶の豊かさに応じて味わいも深くなる。「おお、このフレーズはあそこから取ったな」ということが分かると、聴いているほうは「やるな、おぬし」とにやりと笑う、と。能の場合も、そういう双方向的なやりとりがあったんだと思います。

能が明治維新以降だんだんと衰退してきた背景には、歴史的な理由がいろいろあったと思いますけれど、やはり見所の側にそれなりの教養と気構えがないと享受できない芸能であったということがハードルになったんだと思います。教養がないと味わえない。それは逆から言えば、観客の側に備えがあって、自分のほうから能の中に踏み込んで行って、自力で解釈をし始めると、どんどん味わいが深くなるということです。そのときに、能が実に多様なものから構成されていることもだんだん分かってくる。定型通りの音の流れ方の中に、ところどころ歯ごたえの違う要素、嚙み切れない要素が混ざり込んでいると、聴き手は「あれ、今の何だろう?」と足を止める。そういうふうに、食感の違う素材が入っている。逆に言うと、そういうふうに異物が混入していないと「能らしく」ならない。

教養を深く身体化した日本人

安田　そうですね。能は「何も考えずにただ観に来てください」とは言えない。むろん、それで感動する人もいるかもしれないけれども、そういう人はたぶん少数ですね。あるいは「自分は能が分かる人間だ」というちょっと衒学《げんがく》趣味的な人。こういう人は、最初から自分で観方を決めてしまっているので、いくつ観ても分からないですね。でも、分かったようなことを言うから性質《たち》が悪い（笑）。分からないのが普通です。

「寝てもいいです」ともよく言いますね。それも本当だと思うのですが、しかしせっかく高いお金を払って観に来ているのに、本当に寝ちゃったら、それはそれでもったいない。ですから、年に一度、自分たちが主催する「天籟《てんらい》能の会」という能の会では事前にワークショップを五回から七回してから観に来ていただきます。このワークショップでは能をいろいろな角度から紹介して、しかもそれを身体的に体験していただきます。自分で謡ったり、身体を動かしたりするんです。すると舞台に接したときに全然違う。舞台の謡に合わせて無意識のうちに自分の喉の奥が動いていたり、舞に合わせて深層の筋肉が反応したりします。あと毎回するのが「謡のヒアリング」。英語のヒアリングがあるんだったら謡のヒアリングもあってもいいんじゃないかと思うのです。事前に勉強をしてから観ると、より深く、楽しく観ることができます。

内田　安田さんは前に「近世において能が武家の式楽《しきがく》とされたのは、それが一種の教育装置として機能していたからだ」という説を唱えてらっしゃいましたよね。僕もそれをうかがって、ほんとにそうだなと思った。能の詞章の中には仏典、漢籍から歴史、文学まであらゆる文化情報がはめこまれている。だから、謡の詞章を暗記した人は一種の「歩く百科事典」になる。どんな歌枕に行っても、「ここではこんな歌が歌われた」とすらすら暗誦できるし、歴史的事件についても人名や事績をすぐ思い出せるし、文学作品のエピソードも知っているし、各地の地域の伝承も、神社仏閣の縁起《えんぎ》も知っている。回向《えこう》するときにはお経が上げられるし、魑魅魍魎《ちみもうりよう》が出て来たら破邪顕正《はじやけんしよう》の呪文だって唱えられる。能楽二〇〇曲を暗記できていたら、人として生きる上で、ほとんど困ることがない。

その基礎的教養を書物的知識としてではなく、謡いながら身体に入れてしまうというのが能の卓越したところだと思います。ふつうの芸能は舞台の上にプロの芸能者がいて、観客はそれを受動的に享受するだけですけれど、能の場合は観客が観能をきっかけにして、謡を覚えるように仕向ける。そういうはっきりと教化的な、参加的な方向性が意図されていますね。能舞台を見ることで教養が身につき、教養がある観客は能からさらに大きな愉悦を引き出すことができる。いうならば「弁証法的」な関係がある。

安田　そうですね。今は大学などでも第二外国語が廃止されたり、教養課程が大幅にカットされたりしているそうですが、教養というものはもっと見直されるべきだと思うんです。それを特に思ったのは、『ショア』という映画を観たとき。この映画はユダヤ人絶滅政策に関わった人々へのインタビュー集でなんと九時間三〇分もあります（笑）。その中に「ユダヤ人は聖書を読む民である」というセリフがあったんです。それを聞いたとき、この「ユダヤ人」を「日本人」に変えたらどうなるだろうかと考えました。日本人が国土を奪われ、言語も奪われ、名も奪われ、数千年間にわたって世界中を放浪し続けなければならなくなったとき、日本人は何をもって日本人たることができるのかって。

で、それを考えるには、今までの日本文化は何かということを考えなきゃいけないんじゃないかといろいろ考えていたのですが、そのときにもうこれは完全に我田引水《がでんいんすい》で申し訳ないのですが、やはり世阿弥じゃないかと。世阿弥のいう「ものまね」というのが日本文化の一つの特徴ではないかと思ったんです。日本文化って、文字をはじめとして独自の文化はほとんどありませんよね。日本文化の多くが外国の「ものまね」です。でも、これは猿まねとは違います。

たとえば僕は能『羽衣《はごろも》』などでは漁師の役で出ます。そのときに着る装束《しょうぞく》は高度な技術によって織られた高価な着物で、ふつう漁師は漁に出るときにはそんなものは着ない。リアリティという点でいえば失格です。

でも、これこそが世阿弥のいう「ものまね」なんです。「ものまね」の「もの」は、たとえば本居宣長の「もののあはれ」であり、「物《もの》の怪《け》」の「もの」であり、「もの思い」の「もの」でもあります。「もの思い」をしている人に「何を考えているのか」と聞いたら、おそらく「別に何かを考えているわけではない」と答えます。

「もの」という言葉は、「これだ」とはいえない、ある漠《ばく》とした状態をいう言葉で、言語化される以前の状態、それが「もの」なのです。そして、それこそが「本質」だと日本人は考えました。能の漁師はリアルな漁師ではなく、漁師であること、漁師の本質、それを演じます。日本人の「ものまね」は本来、そのようなものでした。

このような「ものまね」が可能なのは、それが日本にもともとあった高密度な日本文化を築く土台であり、それこそが「日本文化」だと思うのです。

日本は外来の文化を輸入するときに、日本独自の方法を取りました。たとえば仏教という壮大な宗教体系が入ってくる前に、日本には「カミ」を中心としたやんわりとした宗教（のようなもの）がありました。聖徳太子を代表とする海外文化を輸入しようとする人たちは仏教を日本に輸入したときに、それまであったカミを抹殺することはせずに、既存のカミのレイヤーの上に、仏教という新たなレイヤーを重ねるという方法を取りました。このレイヤーの地は透明で、下が透《す》けてみえ、このようにしてカミと仏とのゆるやかな共存関係が生まれたのです。

これは仏教だけではなく、私たちの祖先たちは、新たなものを入れるときに前代のものを抹殺したり、絶滅させたりはせずに、その上に新たなレイヤーを重ねました。この手法こそが日本文化だと思います。

実はこれはとても稀有《けう》なことで、たとえば西洋の最大の哲学者といえばアリストテレスですが、彼はローマ帝国の崩壊後、ほぼ忘れ去られていて、アラビア語からの翻訳がされたりしています。イエスの言葉も、彼が話したと思われるヘブライ語やアラム語ではほとんど伝わっていません。あとのものがどんどん上書きをしてしまうからです。

日本はユーラシアの終着点なので、さまざまな文化が、これまたさまざまな文化のふるいにかけられて最後に到達する淀《よど》(寄止)です。前にお話しした『鵺《ぬえ》』や秦河勝の淀です。前代のものに新たなものを重ねるという手法は、無数の文化のレイヤーを積み重ねていった。その積み重なった透明レイヤーは、比喩的にいえば質量をどんどん増していきます。結果、日本という狭い国土に、きわめて高密度・高質量な文化が出来上がりました。

で、これも比喩的にいえばですが、まるでブラックホールのような高密度・高質量の文化は、さらに多くの文化を引き寄せ、そしてそれらは既存の日本文化に取り込まれて日本流に変容し、新たな日本文化となっていきました。

このような高密度な文化を体することこそが、日本人にとっての教養を身につけるということです。具体的には漢籍と日本文学を身につけることです。「身につける」の「身」ということばは、表層の身体を意味する「からだ（古語では「死体」の意味）」に対する深層の身体をいいます。日本人は教養を深く身体化しました。

漢籍でいえば、武士を始めとする江戸時代までの知識人は日記や文章を漢文で書き、漢詩も作りました。もう一つの日本文学は能の「謡」や「舞」を通じて身体化しました。声に出して和歌や『源氏物語』を謡い、全身を使って『平家物語』の武将となって舞を舞いました。このような教養があったからこそ、西洋文明が大量に押し寄せて来た明治という時代を日本人は乗り切り、また植民地化もされなかったのではないでしょうか。

漢文の読み書きができれば英語もラテン語も古典ギリシャ語も習得は容易です。新渡戸《にとべ》稲造《いなぞう》は古典ギリシャ語を用いて『中庸《ちゅうよう》』の誠について論じ、それを英語で書いてアメリカ人を瞠目《どうもく》せしめましたが、その力の土台は漢籍です。また、夏目《なつめ》漱石《そうせき》は寺田《てらだ》寅彦《とらひこ》から光は量子（粒子）であることを立証するために、帝大で光の放射圧の測定実験の講義を受けたり、アインシュタインの特殊相対性理論について大いに論じたりしたそのすぐそのあとで、能の謡を謡いました。高密度で確固たる土台の上に、最先端の物理学の知識を乗せるからこそ、それに乗っ取られることはなかった、それが「ものまね」の力です。

ですから、『ショア』のユダヤ人を日本人に代えれば「日本人とは高密度な文化に支えられ、常に生成変容する民である」となるんじゃないかなと思ったのです。

しかも、これは武士だけではなく、市井《しせい》の寺子屋でも同じような教育がされました。

内田 寺子屋の教育って、どんなものだったんでしょうか。

安田 はい。テレビの時代劇の影響で、寺子屋では『論語』の素読ばかりしていたと思われがちですが、能の謡もされていたようです。江戸時代の子どもたちは謡で日本の文化を、そして『論語』や漢籍によって中国の文化を学んでいました。

僕が能に接したときにいちばん驚いたのは、高校時代までは教科書でしか勉強してこなかった古語を使って会話をしていることです。しかも光源氏《ひかるげんじ》になっちゃったりしている(笑)。装束を着たら、もうこれはコスプレですよね。古典を頭で学ぶのではなく、身体的に学ぶ、それが能の謡で古典を学ぶということです。

また、『源氏』でも『平家』でも、古典で重要なところは決まっていて、全編を通読しなくてもそこをおさえておけば基本はバッチリなのですが、能の謡にはそのあたりがちゃんと含まれているので、謡を学べば古典の大事なところはだいたい分かるようになります。夏目漱石も「小説は筋なんて読むもんじゃない」といっていますが、日本の文学、特に古典では「あらすじ」というのはほとんど意味がないんです。それよりも大事なところをまるごと学ぶ、そうすると全体が見えてきます。ですから能の謡を学んでいると、日本の古典全体が見えてくるようになります。

逆にいうと、謡が分からなければそれ以降の文学がまったく理解できないものも多いですね。芭蕉の『おくのほそ道』などはそうです。

第五章

「共身体」を形成する

――「個」を超えるために

張良《ちょうりょう》の沓《くつ》

安田　江戸時代、能は武士のものだったといわれていますが、能の歌謡である謡《うたい》に限っていえば町民もかなり親しんでいます。寺子屋の教科書を見ると、そこには謡がたくさん載っています。しかも絵付きで書いてあります。謡本《うたいぼん》に書かれている舞の型のようなものより、もうすこし絵本っぽくて、あらすじが順番に出てくるような絵も付いていたりします。さらにはそこに、手紙の書き方や礼儀作法なども書いてある。たとえば、道で偉い人に会ったらどうやって挨拶するかとか、ご飯の二杯目をおかわりするときにどうしたらいいかとか。そんなふうに謡と礼儀作法が一緒に書いてある本が、寺子屋で教科書として使われていました。使っている曲は『羽衣』や『高砂』などのような、今でも人気の曲もありますが、ふだんはなかなかお目にかかれないワキ方の一子相伝の曲『張良』なんてものもあります。

内田　その『張良』ネタは教育論ではずいぶん使わせてもらいました。張良というのは中国の漢の高祖《こうそ》の功臣で、建国に功のあった人物です。若いときに秦の始皇帝の暗殺を企《くわだ》てて、亡命して、そこで太公望《たいこうぼう》の兵法を黄石公《こうせきこう》という老人から伝授されるという、なかなかカラフルな履歴の人物なんです。この人がなぜか現行二百数十曲ある能に二回登場する。

『張良』と『鞍馬天狗《くらまてんぐ》』の二曲です。『張良』は張良が黄石公から兵法伝授される話、『鞍馬天狗』は牛若丸《うしわかまる》が鞍馬《くらま》の山での修行中、山の中から大天狗が現われて牛若丸に兵法極意を授けるときに張良の逸話を引く話。ですから、当時の日本人にはよく知られた逸話だったと思うんですけれど、これが変な話なんですよ。

張良は亡命先で黄石公という老人に会う。老人が「太公望の兵法を授けよう」と言うので、弟子入りする。でも、黄石公老人は張良に何も教えてくれない。ある日、道の向こうから黄石公老人が馬に乗ってやって来る。そして馬に乗ったまま左足から沓を落とし、張良に「拾って履かせよ」と言う。張良は仕方ないので拾って、沓を履かせる。別の日に、また黄石公が馬に乗って来るのに出会う。すると、今度は両足の沓をぼろぼろっと落として、「張良、拾って履かせよ」と言う。張良は両足の沓を履かせた瞬間に、兵法極意を会《え》得《とく》する。そういう話です。

変な話なんです。老人が沓を二回落とす。最初は左足から、次は両足から。それを拾って履かせた。ただそれだけの話なんですから。でも、それだけで張良は武道の極意を会得した。意味分からないですよね。でも、この話が日本人は大好きだった。武芸の伝承でも、芸能の伝承でも、この話が好んで引かれた。西本願寺《にしほんがんじ》の南には張良と黄石公を描いた門までありますから。だから、この「沓落とし」は、師弟関係を通じて弟子がブレイクスルーを果たす劇的状況を図像的に表象したものと言っていいんだと思います。

安田　能の『張良』では、張良をワキ方、黄石公をシテ方が勤めます。シテである黄石公が急流の川に沓を落とし、ワキの張良がなかなか拾えないような設定になっています。しかも、ここの型がイナバウアーのように後ろの反身《そりみ》になったりするのでなかなか大変なんです（笑）。さらに、沓の落ちた場所によってアドリブで舞の軌跡を決めるので、『張良』はワキ方の一子相伝の芸といわれています。

内田　舞台の隅の目付柱《めつけばしら》あたり、舞台から落ちるぎりぎりのところに沓を投げるんだそうですね。

安田　そうです。そして沓が投げられた瞬間に、張良であるワキは台の上から飛び降り、沓を拾いに行くのですが、そのときの格好がイナバウアーです。これは急流に飲み込まれてグルグル回っている状況を模しているといわれています。

沓の落ちる場所はシテ方の後見《こうけん》しだいですから、稽古も「ここに落ちたらこうで、あちらだったこう」のようなケースA、ケースBなんていうマニュアル的なものではありません。どこに落ちるかは分からないわけですから、そういうことをやっても意味がない。まさに張良的な教育ですね。

最初に『張良』を勤めたときには、『史記』の注釈の総大成である『史記会注考証』などにも当たって、これにどんな意味があるんだろうかといろいろ考えました。中国の劇にも河南省《かなんしょう》の豫劇《よげき》に「張良拾鞋（あるいは「黄石公攔路」とも）」という、このエピソードを描いた劇があるのですが、それを調べてもやはり意味がよく分からない。結局、これは意味を分かろうとしてはダメなんだって、いろいろ調べてやっと気づいたのです（笑）。

サインを感受するセンサー

内田　『張良』のエピソードの興味深いところは、なぜこれが兵法極意を会得した話になるのか、意味が分からないということですね。だから、見た人は自力でこの逸話の意味を考え出さなければいけない。ですから、僕もこの逸話を自分で解釈しようと思った。そして、ここからが僕の解釈なんですけど、『張良』の教えは、何よりまず関係性の発見ということだと思うんです。

最初の出会いのときに黄石公は左足から沓を落とす。これはただの偶然かもしれません。でも、次のときは両足から沓を落とす。一度だけなら無意味な偶然かもしれないけれど、二度続くとそれはもう偶然ではありえない。そこで張良は「黄石公はそうすることによっていったい何をしようとしているのか？」という問いを抱きます。黄石公と張良の間には「太公望の兵法極意の伝授」という関係しかないわけですから、この「沓を落とす」という動作に何か含意があるとすれば、それは兵法極意に関わっているに決まっている。さて、これは何のシグナルなのか？　一回だけでは意味のないノイズでも、二度続くとシグナルとなる。そこに一種の「パターン」が出現するわけですから。そこで、張良は「これらのパターンの背後にはどのような法則性があるのか？」を考え始めた。

この「あなたはそうすることによって、何をしたいのか？」というのをジャック・ラカンは「子どもの問い」と呼びました。そして、この「子どもの問い」を発することができるようになったこと、それが兵法奥義の会得であったというのが張良の逸話の僕の解釈なんです。

一瞬のうちに会得されたわけですから、この兵法奥義が具体的な知識であるはずはない。作戦とか用兵とかロジスティックスとか人心掌握術とか、そういう具体的なノウハウであれば、それなりの時間をかけなければ学習できませんから。だから、太公望の兵法極意というのは、そういうものではなく、もう一つ「次数の高い知」でなければならない。

それは「師に向かって問いを発する」こと、つまり「学ぶ」という構えのことであった、というのが僕の解釈なんです。目の前にいる師が意味のないランダムなふるまいをしている。それを凡庸な弟子は「ただの偶然」だと思って意に介さない。でも、真に知性的な人間は「もしかすると……」と考え始める。一見するとランダムに見えるこれらの現象の背後には、ある種の数理的な、統一的な秩序があるのではないかと考え始める。「ここにはおそらくあるパターンが存在する。そのパターンを律している法則性は何か?」と考え始める。そこから知性の運動は開始される。

これはまさに子どもたちの知的な成長過程そのものです。子どもを観察しているとよく分かりますけれど、子どもたちを自然の中に放り出しておくと、しばらく当惑していますが、そのうちにすることがないので、それぞれの個性に合わせて「観察する対象」を選択するようになる。ある子どもは空の雲を眺め、ある子どもは地面を這う蟻《あり》を眺め、ある子どもは花を眺め、ある子どもは川の流れを眺め、ある子どもは打ち寄せる波を眺める。そういうふうにしているそれぞれの対象を見つけた子どもたちを見ていると、ある瞬間に子どもたちが対象にぐいっと引き寄せられて、対象とほとんど一体化する瞬間が来ることが分かります。それは彼らが自分の観察している現象に「パターン」があるのではないかと思った瞬間です。雲のかたちの変化や、蟻の動線や、打ち寄せる波の間隔や波形は、最初はランダムなものにしか思えないけれど、ぼんやりと長い時間みつめているうちにある種のパターンを繰り返しているらしいことに子どもたちは気づく。その瞬間に「どのようなパターンがあるのか、いかなる法則性がこれらの現象の背後に存在するのか」という問いに子どもたちは文字通り呑み込まれてしまう。夢中になって対象を観察し、一つの仮説を作り、それを実地に検証し、仮説の反証事例があれば、仮説を書き換える。そういうプロセスがそのとき起動する。

これはまさに自然科学の発展プロセスそのままであるわけです。一見するとランダムに見える事象の背後に「見えない秩序」が存在することを直感すること、それが科学的知性の出発点です。それは同時に宗教性の発動でもある。宗教性というのはランダムに見える現象の背後に「摂理」や「神意」が貫徹していると直感することに他ならないからです。自然に向かって「あなたはそうすることによって、何をしようとしているのか？」と問いかけることから科学的知性と宗教的感性の両方が誕生する。

張良は、この「事象の背後に見えないパターンを予感し、直感しうる能力」が兵法極意だという事実を黄石公との二度の出会いを通じて会得した。というのが僕の解釈なんです。彼が得たのは知識や情報や技術ではなく、人間の知性はどのように発動するかという「知についての知」だった。

人間の知性はどのように発動するのか

内田　僕の経験でも、ほんとうに良質の知性は「『これ』って『あれ』じゃん」というパターンの発見を基本文型にするものだと思うんです。「これ」と「あれ」はまったく無関係に存在するように仮象しているけれど、ある見方をすると「同一系の二項」として見えてくる。無関係に見えるものを関係づける能力、それが人間知性の本質的な部分だと僕は思っているんです。

ご存じの通り、僕が最も尊敬する人に大瀧詠一さんという音楽家がいるのですけれども、この人の卓越した知見は、ほとんどが「これって、あれじゃん」という文型で語られる。分かりやすい例で言うと、ダイヤモンズの「リトル・ダーリン」とニール・セダカの「おお！　キャロル」はサウンドがきわめて近い。たぶん後発のセダカがサウンドを「真似た」のだとふつうは思います。アレンジャーが違いますから。でも、大瀧さんは「いや、これは同じ人の仕事だ」という直感に導かれてセダカのアレンジャーが「リトル・ダーリン」では別名で仕事をしていたことを発見する。

あるいは、一九五一年から五七年までアメリカのポップ・チャート一位にフォークソングが一曲もないことについての大瀧さんの説明がそうです。ふつうの人ならただ「その期間にはフォークソングがあまり流行《はや》らなかったからだろう」と考える。ポップソングの話ですからね。でも、大瀧さんは「そんなはずがない」と思った。そして、ポップソングのポピュラリティ以外の要素がチャート・アクションに関わっているのではないかという推理から、大瀧さんはこれがマッカーシズムの余波で、左翼的な傾向を持つフォークソングがFBIによって放送禁止にされていた歴史的事実にたどりつく。一九五〇年のウィーヴァーズの「グッドナイト・アイリーン」と五八年のキングストン・トリオの「トム・ドゥリー」の二曲の「フォークソング一位曲」を見比べたとき、この間隔は「ちょっと開き過ぎだ」と直感したところから、大瀧さんの知性は発動する。これは張良が「左の沓」と「両方の沓」を見て、「この二つの出来事の間には何かの関係がある」と直感したのと構造的には同じ知性の働き方なんじゃないかと僕は思います。何かを見たときに、そこに余人《よじん》には見出しがたいパターンの反復や法則性を直感する力、それが『張良』の言うところの「太公望秘伝の兵法奥義」の実質ではないか。そして、これこそ師に就いてものを習うときの基本的な構えなのではないか。僕はそう思ったんです。師の一挙手一投足のことごとくを「自分宛てのシグナル」として受け取ること、それが弟子に要求される態度です。師が空を見上げても、くしゃみをしても、時計を見ても、何をしても「これは私宛てのメッセージではないのか。先生はそうすることによって私に何を言おうとしているのか？」と考え始めるような、半身を浮かせた中腰の構え、それが弟子の構えだと思うんです。そういう態度でいる限り、弟子は師の言葉やふるまいのすべてを「教え」として受信することができる。

もちろん、弟子の側のフライングか勘違いだってある。先生に改めて訊《き》いてみたら「別に何か伝えるつもりでしたことじゃないよ。君、関係妄想じゃないの」と冷たく振り払われるということもあるかもしれない。でも、いいんです。師弟関係では「学んだもの勝ち」なわけですから。

絶対に上達しない方法

内田 合気道の稽古を始めたばかりの頃に、多田先生の話をうかがっても、難しすぎて何を話しているのかよく意味が分からないということがしばしばありました。そういうときは先輩に訊きました。「多田先生は僕たちにどういう稽古をしろとおっしゃってるんですか?」そのとき、ある先輩がこう言いました。「先生はもっと上級の人たちに向かって話しているので、われわれレベルの弟子には関係ないんだ」。僕はそのときは「ふうん、そういうものかな」と引き下がったのですが、しばらく考えて、やっぱりそれはおかしいと思いました。師の教えについて「これは自分宛て」「これは他の弟子宛て」という仕分けを弟子が勝手にしてよいはずがない。もしそれをしてもよいということになったら、自分にとって技術的に難しい指示は全部「他人宛て」としてスルーすることができる。自分に理解できる言葉だけ拾って、自分に理解できない言葉は捨ててよいということになる。でも、それはまさに弟子が自分の非力や無能のレベルに「居着く」ということに他ならない。そんな取捨選択をしていたら上達するはずがない。

多田先生があるときに「絶対に上達しない方法がある」という話をしてくれたことがありました。「ある先生のここがいいから、ここを取る。別の先生のここがいいから、ここを取る。そういう『いいとこどり』をする弟子は絶対に上達しない」、そういうお話でした。そのときは「はあ」と頷《うなず》きながら、実は意味がよく分かっていなかった。なんで「いいとこどり」がいけないのか。「いいとこ」を集めて、どこが悪いんだろう……としばらく気持ちが片付かなかった。でも、今はよく分かります。「いいとこどり」というのは、自分の師や先人たちの技量や見識について良否の判断が自分にはできるという不当前提に立つからです。「この先生のここはいいが、この辺は使えない」というような仕分けをする人は、他人の技量について、自分よりも上位の人の技量について、客観的判定ができるだけの鑑定眼を自分は備えているということを無意識のうちに前提にしている。そういう人は残念ながら「ものを習う」ということができないと僕は思います。「いいとこどり」がいけないのは、「いいとこ」と「悪いとこ」の判定が素人の分際で「できる」と思い込んでいる傲慢《ごうまん》が学ぶことを妨げるからです。弟子は師をまるごと受け入れなければいけない。先生の「ここ」だけを切り取るというような賢《さか》しらは許されない。

そのような「師に就いて学ぶ」心構えのことを『張良』は教えているんじゃないか、そしてそれが兵法極意の中身なのではないか、というのが僕の解釈なんですけど。安田さん、これどうでしょう？

能には予期せぬことがよく起こる

安田 内田さんは合気道の道場である凱風館を開かれて後進を指導されていらっしゃいますが、僕は今まで人から「師」と呼ばれることを避けていて、謡を教えるということもしていませんでした。でも、少し前にライターの橋本麻里《はしもとまり》さんからのご要望があって、人も集めるからということで、数人の方に稽古を始めました。ただ、この稽古を始めるときにハードルを上げまして（笑）、まずは稽古の開始は朝の八時から。しかも僕のうちの近く。早い人は七時半には来て、お茶などを淹《い》れていますから、そういう方は五時起きをしてやってくる。そして、一〇年間はどんなことがあってもやめないということ。それからこちらが「何か質問がありますか」と聞くまでは質問をしないということ、その約束をしました。親切心を起こして、分かりやすくすればするほど、成長からは遠のいてしまいます。この不安定な、どこにも着地点のない状態に一〇年も耐えることができて、初めて何かをつかむことができるんだと思います。

さきほどのお話の『張良』もそうですが、能は予期せぬことがよく起こります。僕は能の世界に、ある程度年を取ってから入りましたが、この世界に入って驚いたのは、わざとアクシデントが起こるようにしているんじゃないかとすら思うような仕組みがいっぱいあることなのです。『張良』の沓の落とし方もそうですし、全体稽古をしないということもそうですね。むろん個々人はすごい稽古をして舞台に臨むのですが、全体での稽古はしない。西洋的な用語でいえばゲネプロのようなものである「申し合わせ」が一回。そして、その後、本番になるのですが、これも一回だけ。連続公演は基本的にはしないので、歌舞伎のように公演をしている間に作品を練っていこうという考えもない。むろん、作品は練られるのですが、それは何百年もかけてするという、とてつもなく気が長い話です。ですから、先日も出演したのですが、「これは二〇〇年ぶり」などというものもあります。わざと何かが起こるようにしてあるといっても過言ではないしくみです。

また、海外公演や薪能《たきぎのう》のときなど、装束《しょうぞく》や小道具など、持っていくものがいっぱいあるので、ときどき忘れ物があったりします。若い頃、師匠に「チェックリストを作らせてください」と言ったら「そんなもの作っちゃダメだ」と一喝《いっかつ》されてしまいました。そんなものを作るよりも、忘れたら忘れたで、そこら辺にあるもので作ったほうがいいと。

舞台を成立させるというただ一つの目標のために、予期せぬアクシデントを非常にうまくクリアしていく、それが能楽師のすごいところです。これはマニュアルでは絶対に無理なんですね、予期せぬアクシデントは予期せず起きますから（笑）。

心得は臨機応変

内田　一五年ほど前に、観世流の下川宜長先生の社中に加えていただいた最初の稽古のときに、先生から言われたことは、「能楽は臨機応変」ということでした。それが弟子入りしていちばん初めに言われたことなんです。どうして「臨機応変」なんだか、そのときはよく分からなかった。他にも初心者の気構えとして心すべきことってあるじゃないですか。「礼儀正しく」とか「継続は力なり」とか。でも、そういう初心者向きの訓戒ではなく、ずばりと「臨機応変」と言われた。

その後、それはどういう意味だろうとずっと考えてきて、さしあたりそれは能舞台では何が起こるか分からないから、能楽師は何が起きても動じずに、そのつどの最適解を選択しなければならないということだと理解しています。たしかに、能舞台では何が起きるか分からない。何か手順と違うこと、思いがけないことが起きる。それに最適なかたちで対処する仕方については、事前には分からない。マニュアルもガイドラインもありませんから。ですから、これって、ある意味で能楽の本質に触れる言葉ですよね。

安田 能のような芸能は生ものですから、舞台をしているといろいろなことがあります。舞台に着いたら前の演目に出演する人がいない。突然、代役などということもありました。まったく稽古もしたことのない曲で、装束をつけてもらいながら四五分で謡（セリフ）を覚えて舞台に出たこともあります。そこで「できない」というのはあり得ない話で、どんな状況でも何かをやれ、というのが能のスタンスなんです。

内田 「臨機応変」って胆力や発明の才だけじゃなくて、その技芸の基礎がかっちりとできてないと無理なことなんですよね。

答えは問う者が探し出す

内田　もうだいぶ以前ですけれど、多田宏先生にロングインタビューしたことがあります。二時間くらいお話をうかがったあと、録音機材も片付けて、先生と並んで道場から出るとき最後に、「先生、私のような駆け出しの武道家がとにかく第一に心すべきことがあったら、それをお教えいただけますか」とお尋ねしたんです。インタビューをしたのは吉祥寺《きちじょうじ》の月窓寺《げつそうじ》道場でしたので、沓脱ぎのところに禅寺らしく「脚下照顧《きゃっかしょうこ》」と書かれた木札が掲げられていた。先生はそれを指差して、僕の問いに「脚下照顧」と即答された。

「足元を見ろ、だよ。内田君」。

安田　こんにゃく問答ですね。

内田　すごいでしょ。僕の質問に対して、多田先生は間髪《かんはつ》を容《い》れずに、目の前にある木札を指差して応じられた。そのときに僕は「先生はどんな問いを向けても、いつも即答される。あらゆる問いに対して備えているなんて、すごいなあ」と単純に感心したんです。でも、しばらく経ってから「そんなはずがない」ということに思い至った。もしかすると、同じ質問を道場とは別の場所でしたら、やはりその場にあるものを、赤信号でも、郵便ポストでも、すっと指差して、僕が「なるほど！」と唸《うな》るようなコメントをされたに違いないということが分かったからです。臨機応変というのは、問いを予期しない、だから答えをあらかじめ用意することもないということだとそのとき思いました。その場の「ありもの」で即座に応じる。囲炉裏端《いろりばた》に座っていた塚原卜伝《つかはらぼくでん》が後ろから斬り掛かってきた太刀《たち》を鍋の蓋《ふた》でさばいたという逸話がありますけれど、たぶん「ありもの」で応じるのが武道の極意なんです。先生はそれを教えてくださったということが後で分かった。

似た話がありますけれど、多田先生がイタリアに行かれて、道場を始めてしばらくしたときに、イタリア人の弟子が先生のところに来て、ふだん稽古している形稽古とは違う取り方をして、「先生、こうされたらどう応じるのですか?」と訊《たず》ねたことがあるそうです。で、先生が「この場合はこうする」と答えて彼を投げた。すると「じゃあ、こうされたら?」と重ねて訊ねて来たので、「その場合はこう」とまた投げた。そのあとも次々といろいろな取り方を試みて、そのつど先生に投げられたり、極められたりした。何をされても「その場合はこうする」と先生が答えてしまうので、弟子はすっかり感心して「先生からは技が泉のように湧いてくるのですね」と言ってから、ようやく多田先生が知っている技をかけているのではなく、その場で思いついた技を流れるように繰り出していたことに気がついた。そう言って先生は破顔一笑《はがんいっしょう》されました。

武道家の心得というのは、たぶんそういうことだと思うんです。臨機応変。機に臨んで変に応じる。そこにあるもので間に合わせる。手元に刀がなければ鍋の蓋で戦う。多田先生は僕の質問に「脚下照顧」と即答されたのですが、まさに「今自分の手もと足もとにあるものをよく見て、必要なときが来たら、それが蔵している潜在可能性を最大限まで引き出しなさい」という教訓がダブル・ミーニングでそこには含まれていたんだと思います。

安田 そこから相手が答えを探し出すことが大切なのですね。

内田 一意的でない、奥行きの深い言葉であればあるほど弟子は必死に答えを探そうとします。だから、そう仕向けることが教育の本質だと思うんです。何か具体的で有用な知識や情報を手渡しするのではなく、弟子の「学びたい」という欲望を起動する。「学び」への欲望が起動しさえすればきっかけは何だっていいんです。禅の公案もそれに近いと思う。できるだけ分かりにくい話をして、一人一人が抱えている既存の論理の枠を打ち砕く。

武道はもともと戦技ですから、その場に要るものが全部揃っていることなんかあり得ない。とにかく今手元にある資源でやりくりするしかない。「こんな人数では戦えないから、増援しろ」とか「こんな古い武器では戦えないから、最新兵器を持ってこい」とか言うことが許されない。修羅場です。だから、手元を一瞥《いちべつ》した瞬間に、人間であれ道具であれ、「ありもの」の資源が潜在的に含んでいる有用性を見出して、それをただちに引き出すことができないと戦えない。それが臨機応変ということじゃないかと思うんです。

安田　能の「披キ《ひら》」（節目となる習の曲や、特別に伝授が許されないと演じられない曲を、芸歴や年齢に応じて勤めること）も同じですね。お稽古を続けていく中で、突然「この曲をやりなさい」と師匠から宣告されるわけですが、それがたいてい、今まで自分が培《つちか》ったテクニックでは歯が立たない演目だったりする。声がいい人は、その声のままでは演じられない演目だったり、体がとてもよく動く人は、動いてはいけない演目を振られるんです。「動いてはいけない」といっても、座っているだけではもちろんダメ。能楽師はそうやって、得意分野も不得意分野もすべてを知っていかなければなりません。だから「ありもの」や「その場」に臨機応変に合わせることが得意なんです。

シテが倒れても舞台は続く

内田　能のルールでいちばん驚くのは、シテが舞台上で倒れても舞台が終わらないということですね。実際に、能舞台では怪我《けが》をしたり、気を失ったり、場合によっては脳溢血で亡くなったりすることがあるようですけれど、倒れたシテを切戸口《きりどぐち》からずるずると引き出している間も囃子《はやし》は続き、そのあと後見が出てきてシテの続きをやる。世界広しといえども、主演者が死んでもカーテンを引かず、臨機応変に最後まで演じることをルールにしている演劇は能だけしかないんじゃないですか。

安田　この頃はそのようなこともなくなりましたが、ひと昔前まではあったようですね。でも、もっとすごい臨機応変は、人が倒れても終わらないのに、薪能で雨が降ったら終わることでしょうか（笑）。前に、薪能で雨が降ってきたことがあったんです。そうしたら、そのあとの切りのいいところで、突然キリ（一曲の最後の部分）に飛んだんです。そうすると、あと二、三分くらいで終わります。しかも、お客さんとしてもプツッと無理やり終わらせられた感じはしない。一応、ちゃんと終わった感じになるんです。これが事前打ち合わせなしに、そうなったんです。すごいですよね。おそらく地謡《じうたい》の中では何らかの合図はあったんでしょうが、お囃子もそれにすぐについていく。

内田　すごいですね。能は演出家がいないわけですから、「誰が言うともなく」あっという間に合意形成して、ぴたりと寸法に収める。能の舞台に出るということ自体がそのための訓練を兼ねていたということですね。

安田　ええ、そうでしょうね。これは能だけではないと思うのですが、古典芸能の世界に入門をすると最初は掃除とか、そういうことをすることになります。あとはお茶汲《く》みとか。で、実はこのお茶汲みというのがすごく大切だと僕は思っています。舞台に出る前と舞台から戻ってきたときのお茶というのは同じではダメなんです。量も濃さも熱さも。また、食事のときも違う。また、師匠が「今飲みたい」と思ったときにお茶がなければダメで、「お茶」と言われてお茶を淹れたりしたら、もう遅いんです。淹れている間に飲みたくなくなるかもしれない。そして、あとは後をついて歩く。そしてマネをする。それによって師匠と一体となってきます。これは「一体感」とは違います。一体感というのは、あくまでも「感」で、自己満足です。そうではなくて一体となる。すると、舞台上で突然何かが起きても「ああ、こうしたいんだな」ということが（そう思うともなく）瞬時に思って体が動くんです。

内田　能が武家の式学として採用された理由の一つは「百科全書的教養」の習得ということの他に、臨機応変が武人にとって最も重要な資質であることが経験的に知られていたからだと思います。軍は上意下達の組織ですけれど、実際の戦場では「こんなことが起こると思ってもいなかったこと」が起きる。そのときに「指示待ち」でフリーズしていたら、みんな死んでしまう。その場合には、上位者からの指示を待たずに、現場判断で最適解をためらわずに選択する能力が必要になります。武道は本来そのような能力、いつも僕が使う言葉遣いで言えば「どうしていいか分からないときに、どうしていいか分かる」能力の開発のためのプログラムです。理屈はある意味単純で、最適解を導くためには、「今何が起きているか」についてできるだけ多様な情報が欲しい。そのためには、自分ひとりの五感や判断力では限界があります。

危機的状況に陥《おちい》った場合には、一人一人が「自分が見たこと、聞いたこと」をテーブルの上に置き、「何が起きているか」を全体が共通認識として持つところからしか話は始まりません。船が沈みかけているときには「船底に穴が開いたのを見た」という乗組員の知覚情報を艦橋《かんきょう》にいるクルーも共有しないと「次に打つ手」が出てこない。まず、できるだけ多くの情報を取りまとめて、「今何が起きているのか」を理解する。しかるのちに「こういう場合」の最適の対応策についての経験的知見を持ち寄って、集団的な合意を形成する。それを手際よく行なうことが「どうしていいか分からないときに、どうしていいか分かる」能力の実質だと思います。

武道というのは、本来は戦技です。つまり、集団を一つの身体のように扱う技術のことです。個人的な膂力《りょりょく》を競うことではありません。「阿吽《あうん》の呼吸」とか「肝胆相照《かんたんあいて》らす」とか「言わず語らず」といった表現が武士の世界で重んじられたのは、上意下達の組織管理は危機的状況では実は使い物にならないということを武士たちが経験的に熟知していたからだと思います。そういう場合に、何より有用なのは他者の心身の同期する能力です。それによって「共身体」を形成する。「共身体」というのは僕の造語ですけれど、複数の人間たちの身体が、一個の多細胞生物のように癒合《ゆごう》したかたちのものをイメージしています。それが中枢的な指令抜きで状況に反応して、「いるべきときに、いるべきところに立って、なすべきことをなす」という集団としての課題に適切に答える。そういうシステムのことを僕は「共身体」と呼んでいます。そのようなものを組織し、作動させるのが武道的な課題だと僕は考えているのですが、能楽はまさに、そのための能力を涵養《かんよう》するためのプログラムとして実に優れたものだと思います。

自他の区別の曖昧《あいまい》だった日本人

安田　このあいだ『定家《ていか》』のワキを勤めたのですが、シテの語りから始まる部分がやっぱりすごいと思いました。里女として現われたシテが藤原定家の妄執にとらわれた式子内親《しょくしないしん》王《のう》のことをワキの僧に語るのですが、式子内親王の歌を掛詞《かけことば》や引き歌、連想を入れながらどんどん言葉を紡《つむ》いでいきます。最後には「定家葛《ていかかずら》と身はなりて」「妄執を助け給へや」となって、他人の話を物語っていたはずが、式子内親王その人が話しているかのようになっていくんです。

内田　主語がなくなるんですね。

安田　はい。主語がなくても文が成り立つという日本語の特徴のおかげですね。主語があるとこういう文章は成り立ちません。

内田　たぶん、古代・中世の日本人は自他の区別が現代よりずっと曖昧《あいまい》だったんだと思うんです。共身体形成能力が現代人よりずっと高かったから。ネットや電話のような通信手段がない段階で集団的に生きてゆくためには、他者の心身との同期能力が必要だったんだと思います。遠く離れた人であっても、年齢や性別や職業が違う人でも、場合によっては相手が死者であっても、その心身や感動や思念に共感し、同期できる能力が優先的に開発された。そう考えないと、古代・中世の文学や芸能の本質は理解できないような気がする。「自我の観念が弱い」というふうに言い換えてもいいし、「主体性がない」と言い換えてもいい。怒り、悲しみ、恨み、欲望など、強い感情だと、音叉《おんさ》が共振するように、他者の感情に自分の身体が反応してしまう。それに感染する。この被感染能力というのは中世まで、人間にとっては開発優先順位の高い能力だったと思うんです。「一を聞いて十を知る」というのは孔子が顔回を評して述べた言葉ですけれど、これは「頭がいいので、一つを聞くとその一〇倍を推理できる」ということではなくて、「一を聞くと」その一の言葉が出てくるまでに話者の中でどんな思念や感情がどんなプロセスをたどって進行したのか、その力動的な流れや動きに身体的に共感できるので、他人が「何が言いたいのか」分かる。そういうことじゃないかと思うんです。「俺はこう思う。お前の考えなんか知らん」というような態度の人間には「一を聞いて一以上を知る」ことはできない。そういう人間は近代社会ならともかく、古代社会では生きてゆくことができなかった。古代社会は「集団が行動の基本単位」であったわけですから、当然なんです。他者の感情や思念に同期するという被感染能力の高さを重んじるという風儀が中世まで残っていたからこそ、能にその名残《なごり》が見られるということじゃないでしょうか。

安田 能の掛け合いの部分って、最初はシテとワキという二人の人物の会話として始まるのですが、途中からその境界が曖昧になりますね。どちらがどのセリフを言ってもかまわない。これってワキからするとちょっと大変なところもあって、セリフの分担が流儀によって違うのです。

内田 そうなのですか。

安田 はい。たとえば内田さんも能で舞われた『羽衣』の謡がありますね。観世流ですと、ここはシテである天女が謡うというところを、ほかの流儀ではワキの漁師が謡ったりします。特に気持ちが盛り上がってくる部分になると、もうどっちがどっちだか分からなくなるように作られています。ですから観世流で『羽衣』をした次の日にほかの流儀で『羽衣』をすると混乱しそうになるんです。これって西洋の演劇では考えられませんね。

ロミオとジュリエットのセリフがときどき交替しちゃうとか（笑）。

セリフの掛け合いがどんどん進んでくると、シテとワキという自他の境界が曖昧になるということだと思うのです。さらに掛け合いが続いていくと、もうほとんど二者の間には境界そのものがなくなり、その時点で突然、地謡に引き継がれます。すると、さきほども触れましたが、この地謡が謡うのが二人の感情でも主張でもなく、風景になるんです。境界が曖昧になった二者の思いは風景にも流れ出てしまうんです。二者間だけでなく環境との境界もなくなります。

パブリック・スクール・スポーツと能の共通点

内田　イギリスのパブリック・スクールで上流階級の子弟に必修として課されているスポーツも教育目的は、いわゆる「共身体形成」という点では武道と通じるものがあるんじゃないかというのが僕の持論なんです。ラグビー、サッカー、ボート、クリケットなどは五人から一五人程度の集団で一チームを作り、そのチームのメンバーの間では「呼吸が合う」ための訓練を幼少期から集中的に行なう。これは発生的には、日本の武道と同じく戦技だったと思うんです。チームが一団となって、感覚を共有する。そういう訓練を、少年期から行なってゆく。それは日本においての戦場で際立った武勲を挙げたものがそのまま「一国一城の主」になるというプロモーション・システムと同じで、他者との共感力、同期力に優れたプレイヤーは統治システムのリーダーとしても有用だという経験則が存在したからだと思うんです。

ただ身体能力が優れていて、殺傷技術が高い人間を統治者に登用することには何の意味もない。そんな人間は最前線に置いて、殺人マシンとして仕事をさせておけばいい。そうではなくて、戦場指揮官に求められていたのは、数十人、数百人、数千人の兵士を自分の手足のように操る技術だったはずです。兵士たちが見たり聞いたり感じたりしていることを、自分自身の実感のように感知でき、かつ自分の思念や感覚を強力に発信して周囲の人々を明確な方向性と意志を持った多細胞生物のごときものにまとめあげる技術、それが将師たるものに求められた資質だった。

エリート養成の目標には、東洋も西洋も違いはありません。パブリック・スクールの卒業生たちはいずれ政治家として行政官として軍人としてビジネスマンとして、大英帝国の支配層を形成することになります。特に帝国の全盛期においては、植民地経営のための人材の大量育成が教育上の急務だった。植民地経営に必要な統治技術は第一に「緊密な集団を形成した少人数が、分断された多数を支配する」という身も蓋もなく政治的なものです。でも、第二には言語も宗教も生活習慣も異《こと》にする他者を自分の「手足のように扱う」ための技術が求められる。強い意志や強い体感によって、周囲の人間の思念や体感を「自分に合わせてしまう」という内面からの統御技術もまた植民地経営において重んじられた能力だったと思います。いずれにしても、自我とか主体性とかいった近代的な価値よりも、「他者の身体との同期」という徹底的にプラクティカルな技術の開発が優先されたと僕は考えています。政治的有効性を考えたら、当然そうなるはずです。それは日本の武士が武術の稽古をそもそも統治技術の訓練として行なっていたこと、能を稽古したこととも通じている。

安田　なるほど。三国時代の中国の本に『人物志』というのがあって、その中に「一流」の人に国を任せてはいけないと書いてあるんです。「一流」というのは、一つのことの専門家です。孔子が、君子はなってはいけないという「器（一つの専門家）」の人ですね。なぜなら、彼は自分の専門分野以外を「悪」と考えるからと。で、「二流」の人もダメ。「悪」とまではいかないけれども「醜」と見て排斥する。国を任せていいのは「三流」以上、諸流の人なんです。幅が広いというか境界が曖昧だからです。自分と他者との間の境界が強固な人はリーダーとしては失格なんですね。

しかし、だからといって誰でもが共身体形成されて、内面からの統御技術なんて修得されちゃうと為政者としては怖いですね。だからでしょうか、江戸時代、能は武士のためのものでしたが、武士以外にも謡は許されました。しかし、能そのものを舞うことは禁じられていたようです。それは、この臨機応変さ、共身体性というものは、誰にでも公開していいというたぐいのものではなかったのかもしれませんね。

内田 能の武道的な部分をカットして、芸能だけを取り出したのが歌舞伎じゃないかという気がするんですよ。

安田 ああ、なるほど。

内田 お稽古を始めて、仕舞《しまい》を教わったときに、「肩を動かさない」「目を動かさない」「表情を作らない」ということを最初にきびしく注意されました。それは「内面」を分かりやすいシグナルとして外形化しないということだったと思います。そもそもシテの「内面」なんて、極端な話、能においては副次的な重要性しかないわけですけれど、それと同時に同じ舞台の上にいる地謡や囃子方やワキ方へのシグナルは「分かりやすく」外形化すべきものじゃないからだと思うんです。深層筋の動きや呼吸の深浅の変化や重心の移動だけで舞台上のシグナルとしては十分で、それだけで舞台の上にいる人には分かる。サインも何も要らない。実際に、地謡についているときは地頭《じがしら》の呼吸と同期しないと謡が合わないわけです。地頭が出す謡い出しのきっかけというのは、声門が開く微《かす》かな音、触れ合っていた粘膜と粘膜が離れる瞬間に出る音なんですけれど、これはもちろん日本語の音韻ではない。でも、こういうわずかな生理的な変化がもたらす空気の震動に地謡は反応しようとしているわけです。

でも、それはあくまで統治者に求められている技術であって、一般人にはそのような特殊な能力は求められていない。町民に対して、観能は禁止したが、歌舞伎を許可したというのはそういうことだと思うんです。江戸時代において、一般人は士大夫《したいふ》のための身体運用は勉強してはならない、と。そういうことだったのではないかと思うんです。みんなが武士の特技であった高度な身体能力を持ってしまうと、身分制社会が崩れてしまいますから。

安田　そうですね。今、身体性というと、「見える身体性」を指すことが多いのですが、「見えない身体性」、つまり今内田さんが言われていた「共身体性」というのは、身体性としてはあまり取り上げられていない。パフォーマンスとして、派手じゃないですからね。見ている側には、見えないですし。

内田　見所《けんじょ》の人たちも舞台上でのやりとりに同期できると、楽しいんですけどね。

安田　ええ。能をいちばん面白く見る方法は、能楽師と同じような身体性を、見ている側が持つことでしょうね。

内田　型にしても、一度でも仕舞を稽古するとずいぶん印象が違うと思いますよ。仕舞をしたことがあれば、舞台を見ていても身体の奥のほうの深層筋が演者の動きに反応しますから。そうなってくると、ストーリーなんか知らなくても、気づかないうちにその世界に没入できるから。

安田　客席からはただ静かに立っているようにしか見えなくても、深層の筋肉はすごい勢いで動いていますから、それを感じるにはおっしゃるように共身体的に見るというか、体感するかですね。

共身体を形成する教育装置

内田　ミラーニューロンの働きはまだよく分かっていないらしいですけれど、他人の身体の動きを見ているだけで、自分の脳の中でも同じ動きをするときに発火する神経繊維が活性化する。脳内で見ているものと同じ運動をトレースしてはいるけれど、「スイッチ」が入っていないから実際の運動としては出力しない。他人がアイスクリームを食べているのを見ているだけで、アイスクリームを食べる動作に必要な筋肉はここところで、このタイミングでこういうふうに手を返す……というような動作は脳内で演じられている。だから、原理的には他人の動きを熟視しておけば、スイッチをオンにすると見たのと同じ動きができるはずなんです。

武道でも芸事でも「見取り稽古」というものがありますね。じっと座って、ただ師匠や先輩の動きをじっと見ている。「見ているだけで上達するわけがない」と思っている合理主義者もいますけれど、それは浅慮というもので、実は見ているだけでも上達するんですよ。自分ひとりで下手な稽古を何十回も繰り返して変な癖をつけるくらいなら、上手な人の技をじっと見て、脳内で動きをトレースしておくほうが稽古としては効果的なんです。かなり長い振付を一回見ただけで再現できるダンサーがいますけれど、こういう人はミラーニューロンの働きがすぐれているんだと思います。

ミラーニューロンに関しては、この間、茂木健一郎さんから、新しい学説が発見された話を聞きました。ミラーニューロンとは従来、目に見える動作を頭の中でトレースすると言われていたのですが、実験してみたら、目で見ていない背後の動作にもミラーニューロンは反応していたんだそうです。だから厳密に言えば、「ミラー」じゃないんですよ。鏡像を見ているわけじゃなくて、皮膚感覚の働きも含まれる。そばにいる人の関節が回ったり、筋肉が動いたり、血が流れたりという変化は、実際には目に見えなくても、近くにいる人には伝わる。そう聞いて、なるほどと思ったんですけれど、それはこれが合気道の稽古で経験的に僕が獲得した知見と一致するからなんです。

合気道の稽古の場合は「同化的に身体を使う」ということを繰り返し教えられますけれど、この場合の「同化的」というのは相手に同調するとか、相手に合わせるという意味じゃないんです。そうではなくて、相手のミラーニューロンを発動させて、相手がこちらと同じ体感を持ち、同じように筋肉が緊張し、同じように関節が回転する状態に持ち込むということなんです。そうすると、相手は別に強いられているわけではなく、不本意にでもなく、あたかも自発的に「なんとなく、こういう動作がしたくなった」というような感じで、こちらが望む通りの身体の使い方をするようになる。それを「活殺自在」と言う。

そうやって相手に制御された状態を古い武道の用語では「合気される」と言ったそうです。そうなったらもう何もできない。『兵法家伝書《へいほうかでんしょ》』には、「拍子をはずす」「あひをゆく」という言葉が何度も出てきますけれど、これはたぶん「合気されない」ための工夫のことを言っているのではないかと僕は理解しています。

合気道開祖・植芝盛平《うえしばもりへい》先生は、合気道は「後の先」ですかと聞かれて、「先の先」であると答えられたそうです。「先の先」というのは、「刀を振り下ろすと、その先に相手が首を差し出してくる」ようなあり方を言うのだと植芝先生は説明されたそうです。ここまでゆくと、もう同じ条件でライバル同士が相対的な強弱勝敗を競っているのではないです。

一方が他方に操られているような状態になっている。植芝先生はそういう境地をご存じだった。だから、合気道では「先の先」が、どれほど困難な課題であったとしても、稽古の最終的な到達目標に掲げられているわけです。

そんなことが可能なのかなと僕も思っていたのですけれど、ミラーニューロン研究のような脳科学の最新成果を聞くと、「そういうことって、ある」ということがだんだん実験的にも確かめられてきている。そうやってみると、武道の稽古も、能の稽古も、一見すると不合理と思われるようなことが、実は長い経験から導き出されたものだということがだんだん分かってきた。

安田 能の『道成寺《どうじょうじ》』の「乱拍子《らんびょうし》」ですね。乱拍子とは、独特の足遣いの舞の一つですが、数十秒の長い間の後、急にポンと鼓《つづみ》が打たれ、シテの足が一歩だけ出る。舞うシテも鼓方も見ているわけではないのに、あの長い間の後の鼓の打音と、足の一歩が、完全に一緒になる。まさに鼓方の人と、舞っている人とのミラーニューロンの一致です。

内田 乱拍子というのは、シテ方のほうのリズムに、囃子方が合わせるのだと思っていたんですけれど、実際はどうなんでしょうか。

安田 鼓方の人はシテが見えるけれども合わせようとしてはいけないと聞いたことがあります。またシテ方の流派によって違いますが、流派によっては『道成寺』を舞う前に、小鼓の流派に入門して、呼吸の取り方を学ぶということも聞いたことがあります。

内田　合理的ですね。

安田　鼓の流派でも、幸流《こうりゅう》は掛け声が短いので、無音が何十秒も続きます。すごい緊張です。このタイミングを取るのは時間ではない。「コミ」という、腹で取る、声にならない間《ま》のことです。ですから乱拍子というのはシテと小鼓の呼吸の一体化といってもいいでしょう。あと『清経《きよつね》』の「恋之音取《こいのねとり》」というのもあります。これは小鼓ではなく、笛が鳴っているときだけシテの清経が橋掛《はしが》かりを歩いてくる。笛が止むとシテも止まる。笛が吹かれるのとまったく同時にまた歩き出す。これもコミによる呼吸の一体化ですね。

そして、観客もこのコミを共有していると、シテと囃子方だけでなく観客も一体化する。能舞台全体が一つの呼吸になり、一体化するんです。

内田　乱拍子も音取も本当に楽しもうと思って見たら、楽しいでしょうね。見ているほうも息を止めて、「ここ!」というときにぴたりと合ったら、ぞくぞくするんじゃないですか。そういう緊張感が一〇分も二〇分も続くわけですから、他の芸能ではちょっとありえないほどの快感の持続ですよね。

安田　能は、観客にものすごいことを要求しますよね(笑)。

内田　能を見るという経験自体が高度な身体訓練になっている。能のこういう技術がどれほど深い人間についての知に裏づけられているのか、科学のほうがどんどん解明しているのに、能の面白さを理論的・実践的に語る言葉はまだまだ少ないですね。だいたい、礼儀作法を習得したり、姿勢を良くするために、武士がわざわざ能の稽古なんかするわけないのに。お勤めという本務がある武士が真剣に能の稽古をしていたということは、それがすぐれた教育法であることが経験的に知られていたからでしょう。でも、能はただ鑑賞するだけの芸能ではなく、能楽師や見所の身体に直接触れてくる、いわば「挑発的」な芸能だというふうに受け止める人は少ないですね。

安田　そうですね。現代では、むしろ「もっと気楽に観に来てください」とか「もっと気楽にお稽古してください」という人もいますが、それはそれでありだとは思うのですが、気楽じゃないほうがむしろ楽しめると思います。

内田　ただ、能が育成するタイプの能力は、今の学校教育では求められてないんです。今の社会の仕組みそのものが求めていない。そもそもこの能力のことを何と呼べばいいのか、名前さえ付いていていない。

武道であれ、能楽であれ、あるいは宗教的な行《ぎょう》であれ、それを育成する効率的なプログラムは現に存在するんです。でも、その成果を数値的に考量する手立てがない。だから、学校の授業には仕立てようがない。授業だと成績をつけて、子どもたちを格付けしないといけないけれど、そもそも「他者と共感する能力」なんか数値的に計測して、個人の優劣を論じるためのものじゃありませんから。「個人」とか「自我」とか「主体性」とかいう邪魔なものをどうやって消すのかがプログラムの目標なわけで、そんな能力の多寡《たか》を個人の格付けに使うのは、「一番無欲な人に賞金を差し上げます」と言って競争させるようなものです。

個人を超える

安田　さきほど張良の話が出ましたが、張良の敵に項羽《こうう》という人物がいました。項羽は最初に文字を習おうとするんですが、結局文字は自分の名前が書ければいいと習いませんでした。次に剣を習うんですけれども、剣は一人の敵しか相手にできないからと、やめる。彼は個人としてのアクロバティックな身体性を伸ばすことには、まったく興味がないんですよね。その代わり、いろんな人たちと出会うことに命を燃やしていく。まさに共身体性ですね。

内田　本来、統治者は、その方向に行くはずなんです。個人的な能力、自分の戦闘能力の高さや頭の良さなどを人に誇示することには興味がなくて、集団として巨大な事業を成し遂げることだけに関心がある、そういう人が君主になるべきなんじゃないですか。一〇〇人の人間が集まって成し遂げたものは、個人の能力の算術的総和とはまったく異質なものです。アイディアにしても、想像力にしても、運動性能にしても、一〇〇人分集まった多細胞生物のそれですから。そういうキマイラのような生物体を作り上げたいということに惹《ひ》きつけられるというのが人間の本性だと思うんです。そんなことができるのは人間という種だけなんですから。

被感染力というのは、言い換えると「憑依《ひょうい》される能力」のことですけれど、そういうことって、人間以外の生物にはできない。だったら、他の動物にはなくて、人間だけに豊かに備わっている「人間的な本能」なるものがもしあるとしたら、それは個人を超えて、集団として生きることができるという点だと思う。

だから、今の社会でしているように、集団を解体して、個人が原子化・粒子化して、粒子同士が個体としての優劣を競うっていうのは、進化論的に考えるとむしろ退化していることだと僕は思います。個体の能力を格付けして、優劣を競うということなら、サルだってやっている。せっかく人間に生まれたなら、「サルにできなくて人間にだけできること」をすればいいのに。でも、憑依されたり、同期したり、共身体を作ったり、そういう人間固有の能力はむしろ文明が進むにつれて劣化してきている。グローバル資本主義の世界で、必死になって個人資産を増やそうとしている人間たちって、あきらかに人間からサルに向かって退化していると思う。

植民地根性の英語教育

安田　今、『イナンナの冥界下り』というシュメール語の作品を上演しているのですが、このためにさまざまな講座を開いていて、その中にシュメール語の講座というのがあります。シュメール語って紀元前三〇〇〇年くらいの言葉で、シュメール人自体は紀元前二〇〇〇年には姿を消してしまいます。それでもラテン語と同じように、シュメール語自体は教養語として紀元前一〇〇〇年くらいまでは使われますが、それでも現代では何の役にも立ちません。粘土板に芦《あし》ペンで楔形《くさびがた》文字を書きながらシュメール語を勉強するのですが、教えてくれるのは高井啓介《たかいけいすけ》先生という方で、高井先生が「みなさん、ちゃんと練習すると楔形文字の書記として食べていけるようになりますよ」なんて言うんです。むろん冗談ですが、それでもこんな絶対に何の役にも立たないような講座が、キャンセル待ちの方がいるくらいにいつも満席なんです。一部の大学はともかく、高校まででこんな講座をやったら親からも生徒からも文句が来そうですね。入試にも出ないし、就職の役にも立たない。

今の学校では個人的能力を上げることに一所懸命ですが、内田さんもおっしゃっていましたが、その中で最もプラクティカルな技能としての「英語が伸びない」が問題になっていますね。

内田 英語力が伸びない理由は、「学習する意味が分かりやすい」からなんです。何で英語をやらなければいけないのか、その理由は子どもにでも分かる。だから、逆にやらなくなる。他の教科はどうしてそれを勉強しないといけないのか、子どもには分からない。でも、英語だけはその有用性が分かる。「英語ができると金《かね》になる」とみんな言っているから。英語ができないと就職できない、格付けが高くならない、高い給料がもらえない。それは子どもでも知っている。つまり、英語力は子どもの眼にもすべての教科の中で最も換金性の高い学力と見えているわけです。その点では「洗脳」はみごとに成功している。実際、文科省がホームページに掲げている「『英語が使える日本人』の育成のための行動計画」にははっきりそう書かれている。要するに世界の国々は、経済競争をしており、その競争に勝ち残るためには英語ができないとだめだ。英語ができないと「侮《あなど》られる」と認めている。だから、子どもたちはみんな英語を勉強して、経済戦争の戦士にならなければいけない、と。そういうふうに煽《あお》っている。教科の話をしているのに、学習目的が「金」なんです。

安田さんも外国語の勉強をするのが大好きだから分かると思いますけど、外国語を学ぶことの最大の喜びは、自分とまったく宇宙観も価値観も美意識も違う集団と出会って、自分の枠組みが揺り動かされて、場合によっては解体してゆくというダイナミックな感動のことでしょう。でも、文科省のホームページには、そういうことはみごとに一言も書かれていない。本来、外国語を学ぶことの最大の教育的意味は「自分自身がそこに囚《とら》われている民族誌的偏見」からの知的な離脱を果たすことじゃないですか。でも、文科省的には、英語を学ぶ目的はグローバル資本主義システムに最適化することなんです。だとしたら、それは今自分自身が囚われている偏見やイデオロギーを強化するだけの話です。それなら、英語なんか学ばないほうがよほどましです。

だいたい、文科省の「英語が使える日本人」プロジェクトは英語が事実上の公用語であるということを不可疑の前提にして話を始めている。英語話者が非英語圏の人たちに対して圧倒的なアドバンテージがあるということを当然だとしている。それが僕は気に入らない。現に、英語話者は母語を習得すれば、それだけを使って国際会議に出られて、国際学会で発表ができて、国際的なプロジェクトができて、「国際人」だと名乗る権利がある。でも、非英語圏の人たちは英語を習得するために膨大な時間と手間を使わないと英語話者と同じスタートラインにさえ立てない。英語圏に生まれた人間が政治でも経済でも学術でも、あらゆる分野で初めから競争優位に立つことに決まっている。これはどう見たってルールの設定自体がアンフェアでしょう。

僕は「アンフェアだから止めろ」と言っているわけじゃないんです。もういい年なんだから、そんな青臭いことは言いません。英語が国際公用語になったのはイギリス、アメリカという英語国が二〇〇年にわたって世界の覇権国家であったという政治史的現実の冷厳なる帰結なわけであって、彼らの歴史的努力の成果なわけです。政治的覇者は自分たちの支配体制を永続化させようとする。それは当然です。日本人だって、植民地を持っていた頃は、現地の人たちに「日本語ができないと出世できない、商売もできない、官僚にも専門職にも就けない」というハンディを課していた。言語政策はつねに政治的なものです。力を持ったものたちは、自分たちの母語だけで世界中どこでも自由に活動でき、他の言語圏の人たちは大きなハンディを負うようにシステムを設計する。それは当人たちからすればごく合理的な政策判断なんです。日本人だって、まかり間違って世界の覇権国家になったら、日本語を国際公用語にしろと要求するに決まっている。だから、僕は英語の公用語化が「間違っている」と言っているわけじゃないんです。でも、これは明らかに「強者が自己都合で作ったルールでやっているゲームだ」という事実については譲れない。英語が事実上のリンガ・フランカ（国際共通語）であるという現実は認めるけれど、この現実が人類史の自然過程であるとも思わないし、未来永劫にこのシステムが続くとも続くべきだとも思わない。だから、非英語圏の人たちが大きなハンディを背負わないで済むように、ルールをできればよりフェアなものに書き換えて欲しいということはこれからも言い続けたい。

でも、今英語教育を語っている人たちは九九％までがこれが「アンフェアなゲーム」だとさえ思っていない。「長いものには巻かれろ」という現実主義を前提にして、その上で「英語ができないと金にならんぞ」と言って子どもたちを恫喝《どうかつ》している。これを植民地根性と言わずして何と呼べばいいのか。

僕が今どきの中学生だったら、文科省のホームページを読んで「だったら、もうしない。英語は大好きな教科だったけれど、こんな俗悪な動機で勉強している人間だと他人から思われたら恥ずかしいから、もう勉強しない」と思うかもしれない。実際に、英語教育の専門家に聞くと、小学生から英語なんか必修化したら、「英語嫌い」を組織的に作り出すだけで得るところはないという人がほとんどでした。

外国語の習得って、本来はすごく楽しいことなわけですよ。母語とは文法構造も語彙も音韻もまったく違う言語を学ぶときって、頭がひっかきまわされるような興奮を感じるでしょ。せっかくそういうことが「大好き」だという潜在的な資質を備えた子どもたちをつかまえて「英語を勉強すると金になるぞ」というような功利的な動機に矮小化《わいしょうか》して、いったいどうするんですか。

安田　リトアニアが好きで割とよく行くんですが、リトアニアには、五、六カ国語しゃべれる人が多いんです。それはすべて征服された民族の言葉なんですよね。

内田　東アジアでも、シンガポール、香港、マレーシア、フィリピンの人たちは英語が上手ですよね。でも、それを「羨《うらや》ましい」と言うのは、話の筋目が違うんじゃないかな。ベトナム人はフランス語も話せますし、フィリピンでもマレーシアでも、ある程度以上の知的レベル人たちはみな母国語と同じくらい巧《たく》みに英語をしゃべる。シンガポールの場合は公用語が英語です。でも、それは逆に言えば、彼らの母語だけではビジネスも、政治も、学術もできないということなんです。母国語によってはレベルの高い知的活動ができない。それはむしろ悲劇的なことだととらえるべきでしょう。

ベトナムでも、英語とフランス語がさかんに勉強されています。ベトナム固有の文字を捨てて、アルファベット表記に切り替えた。マレーシアもインドネシアもそうです。子どもの頃からアルファベットになじんでいますから、英語はすぐに覚える。でも、固有の文字を捨ててしまったので、もう二世代前の祖父母が書いたものが読めない。日本でいえば、明治時代・大正時代に書かれた文献がもう読めない。お寺に行っても、扁額《へんがく》や縁起《えんぎ》や碑文《ひぶん》が読めない。ベトナムにも長い歴史を持つベトナムの文学があり、思想があり、宗教があり、歴史があるわけですが、ベトナム語やベトナム史を専門的に勉強しない限り、若い人たちはそのアーカイブにアクセスすることができない。民族の一〇〇〇年を超える文化的蓄積に自由にアクセスして、それを活用することができない。たとえその代償に英語やフランス語がうまくなったとしても、この取り引きはほんとうにベトナム人にとって有利なものだったのか。僕は懐疑的です。

異界への扉は今もどこかに開いている

安田　文化的なアーカイブにアクセスできないとおっしゃったことで、この章の最初の話題に戻るんですけど。能は一時間半や二時間にまとめなければいけないので、いろいろな昔の言葉……つまりキーワードをちりばめて、それを皆さんに読み解いていただく。これは、デスクトップ上にいろいろなアイコンを置いておいて、これを一人一人にクリックしてくださいと頼んでいるようなものですよね。で、これにアクセスする能力がなくなっているということは、デスクトップ上のアイコンだけ見て、「こりゃいいPCだよな」って言っているのと同じようなことです。
　それと同じようなことが、今、国語で起こっています。せっかくいろいろなキーワードを出しても、誰一人アクセスしてくれない。だから日本はわりとベトナムと近いのかもしれませんよ。

内田　だんだんそうなってますね。もう学校では古文も漢文もやらなくなっている。昔の教育プログラムなら、『唐詩選』や『和漢朗詠集』を学校で教わったから、能に出てくれば、多少のひっかかりはあった。でも、日本史もやらないし、古文もやらないし、漢文もやらないで、その分英語と数学の授業を増やしましたということになると、その子たちにとって、能の詞章《ししょう》はもう理解の外ですよね。

安田　能が理解されにくくなってきたもう一つの理由として、この頃、お葬式やお通夜を家でしなくなった、というのがあると思うんです。お通夜は一晩中やることというルールが必ずありました。そして、大声で亡くなった人のことを話す。お酒を飲んで寿司を食べて、昔の故人の思い出に浸り、あるいはそこでフッと寝ちゃうと、霊が夢に現われたりとかね。そういう亡くなった方とのアクセスが存在するという前提で、能が作られているわけです。能に出てくる幽霊というのは、いわゆるお話の幽霊ではなくて、実在した存在。実在のはずなのが、いつの間にか実在でなくなって、フィクションになる。

内田　能は、どれもそういう話ですね。それだけ昔の人は死者の切迫をありありと感じられたということですよね。

安田　たぶんお通夜をちゃんとやっていた頃は、近くに感じていたと思うんですよ、亡くなったおじいちゃんを。

内田　そうですね。歌枕に来て、しみじみ感慨にふけっていると、村人が現われて、土地の縁起を語り、それが後《のち》シテになって過去の出来事を再演し、「あと弔《とむら》いて賜《た》び給《たま》え」と消えてゆくというのは能のオーソドックスなかたちですけど、歌枕とか旧跡というのは、何かのきっかけで異界との間の扉が開く特権的な場所であって、そういうところに立つとそういう経験をしてしまうというのは、中世までは日常茶飯事のことだったと思います。

安田　そのような扉は今でも開いていて、こちらがちょっと目を開くとそんなことは起こり得るんじゃないかと思っています。

折にふれて能の史跡めぐりをしているのですが、能『敦盛《あつもり》』の旧跡を巡ろうと、内田さんのところからも近い一ノ谷の合戦の跡を巡ったときに、せっかくならばと、その次の大合戦の場だった四国の屋島《やしま》に向かったんです。屋島では、最初は能『屋島』にまつわる、さまざまな旧跡を訪ねたあと、佐藤継信《つぐのぶ》の墓に参ろうと思って探したのですが、二つの墓のうち一つがなかなか見つからない。あちこち歩き回ったのですがダメだったので、土地の人に尋ねることにしたら、一人のお爺《じい》さんが通りかかったので尋ねると、「そら、そこだよ」と、その方がいたすぐ上の丘の上を指差して教えてくれました。お礼を言って、坂道を登り始めたのですが、さっきのお爺さんがついて来ているんです（笑）。

それだけでなくてね、「私が、ついてきたのはな、ほかの墓も教えようと思ってな」なんて言います。で、そのお爺さんと並んで歩いていくと、まず佐藤継信の墓がありました。ところが、その少し上に小さな墓石群とお堂があって、そのお爺さんが「これは四国遍路で行き倒れになった方のお墓だ」と教えてくれて、「せっかくなので、ここもお参りしたらいいだろう」と言うんです。

で、いつも持っている数珠《じゅず》を取り出して『延命十句観音経《えんめいじっくかんのんぎょう》』を三遍唱え、また継信の墓に戻るとお爺さんが、「周りを見てみろ」と言います。見ると、継信の墓の周りには、いくつものお墓が並んでいます。その墓には、みな星がついています。

「これは日清、日露、太平洋戦争で亡くなった方たちのお墓だ」と言います。

さらにその墓所を取り囲むように、小さな石碑群が立っていて、そこには牛の絵が彫られています。お爺さんは「これは借耕牛《かりこうし》の墓だ」と教えてくれました。他の土地から借りて来た牛だが、もとの土地に返せぬままに死んでしまった牛の墓だそうです。

お爺さんは「佐藤継信も、四国遍路の人たちも、大戦で亡くなった英霊たちも、そして借耕牛もみな故郷に帰れず亡くなった。その墓がここに並んでいるのだ」と言って、もと来た道を帰って行ったんです。まるで能のようでしょ。

能の旧跡や歌枕を巡っていると、よくこのようなことに遭遇します。まだまだ、その回路は開いていているんじゃないでしょうか。

おわりに

安田 登

最後までお読みいただき、ありがとうございました。

「おわりに」の担当の安田登です。

内田樹さんが「はじめに」を書き、安田が「おわりに」を書くということになったのですが、もう書くべきことなどないほどに、とことん語り尽くしました。

……というのは、半分本当で、半分ウソです。

この本は、企画段階ではあっという間にできあがる予定でした。何度かの対談をし、それを書き起こしたものを、お互いちょいちょいっとチェックすればよかったはず。ところが、実際はそこからが大変でした。

最初に内田さんが手を入れてくださったのですが、それを読んだら、新しい話が入っていて、これがまためっぽう面白い。「それならば」と安田が手を入れて送れば、それを読んだ内田さんがまた手を入れ、それをまた読むと「おお、なるほど」と安田が手を入れ……なんてことを繰り返して、ネバー・エンディング往復書簡になっていってしまったのです。

このまま続けていくとどこに行ってしまうのか分からないし、なんといっても辞書のような分厚い本になりそうでした。そこで、「そろそろここら辺で一旦手打ちを」ということで、今回の上梓《じょうし》と相成《あいな》りました。

そんなわけで、語り尽くしたといえば語り尽くした。けど「まだやっていいよ」と言われれば、まだまだできる。そんな本なのです。

内田樹さんとの対談が始まったのは、東日本大震災より前のことです。それから場所を変え、状況を変え何度か対談をしてきました。

凱風館の近くの中華料理屋さんのこともあれば、東京の寺子屋のこともありました。また、那須《なす》（栃木県）の二期《にき》倶楽部で毎年行なわれていた「山のシューレ」というテンポラリーな学校でのこともありました。

東京の寺子屋では、七〇名が限度のお寺に一〇〇人以上の方が集まってくださいました。しかも、夏。お寺には扇風機以外の冷房がないので、参加された方たちも僕たちも滝のような汗を流しながらのサウナ寺子屋でした。

その寺子屋は、内田さんと安田との『井筒《いづつ》』の謡から始まり、能の話をしたので第四章がそれに当たります。

二期倶楽部の「山のシューレ」では、まずは屋内で多くの方たちの前で話し、それから那須の自然に囲まれた中で、ふたりでお話をするという、開放的な状況での対談が行なわれました。二期倶楽部は、今は残念ながらなくなってしまいましたが、「山のシューレ」は隣接するアートビオトープで再開の予定です。那須では主に『論語』について話したので第二章。

本書をお読みになられている方の中にも、寺子屋や「山のシューレ」に参加された方がいらっしゃると思います。本書をお読みになると、そのときの暑さや森の香りなどが思い起こされるでしょう。

「はじめに」で内田樹さんは、僕の『ブロードマッスル活性術』（BABジャパン出版局）を読んでくださったことを書かれていますが、これはびっくりです。『ブロードマッスル活性術』は、僕が書いた本の中では最も売れなかった本の一冊です。初版も少部数でしたが、一度も重版がかかっていない。この本のことを知っている方なんて、世の中にほとんどいないはずです。それなのに内田さんに読んでいただけていたなんて、本当に驚きですし、感激です。

そして、それを紹介してくださったのが、内田さんの奥様であることを「はじめに」に書かれています……と書いてみて、「内田さんの奥様」という言いようが、どうもしっくりこないので言い直します。「はじめに」にも書かれている通り、「内田さんの奥様」は能楽師（大倉流の小鼓方）で、当時、僕たちは一緒に箱根神社で子どもたちに稽古をつけていました。そのとき、僕は「なおこさん、なおこさん」と呼んでいたし、今でもお会いすれば「なおこさん」なので、そのなおこさんが紹介してくださったようです。

僕のほうは、内田さんの本との最初の出会いは『死と身体――コミュニケーションの磁場（シリーズ ケアをひらく）』（医学書院）でした。

能の笛方の槻宅聡さんが「面白い本がある」と紹介してくださったのです。「面白い、面白い」と、ほぼすべてのページに線を引きながら、一週間くらいかけて読みました。でも、これが不思議で、読み終わったときに、この本にどんなことが書かれていたのかをまったく覚えていませんでした。

それは、この本に限ったことではありません。内田さんの本は読み終わったあと（少なくとも僕は）その内容を覚えていないことが多い。むろん覚えていることは多い。しかし、「この本は、こんな内容の本だった」と人に説明することができない。

それは、内田さんの本には「この本のテーマ」とか、そういうものがないからだと思うのです。ですから、本のタイトルもたいてい当てにならない。『街角のナントカ論』などと言いながら、ナントカの話はどこかにあるだけで、だいたいが全然違う話をしている

（あ、これは極論です）。

しかし、これこそが正しい本のあり方だと僕は思うのです。

そもそも古典と呼ばれる書物のほとんどがそうです。『老子』に一貫したテーマはないし、『論語』の中の孔子の言動は矛盾だらけです。『源氏物語』などは途中から主人公が替わってしまうし、『伊勢物語』なんて誰が主人公かすらも分からない。

物語だけではありません。ソクラテスの言動（書いているのはプラトンですが）にも一致はないし、空海《くうかい》の著作にも途中からテーマがどこかに行ってしまったりしているものが多い。

また、かの『聖書』ですら一貫性はありません。

『新約聖書』は福音史家《ふくいんか》によって言っていることが全然違うし、『旧約聖書』だって、たとえば人の誕生だけを見ても、まったく違うふたつの話が載っている。「創世記」第一章では、神は男女を一緒に創造したと書いてあるのに、続く第二章では女性は「人から抜き取ったあばら骨」で造り上げられたとある。「どっちなんだよ」と、今なら校閲からチェックが入りそうな記述です。

しかし、それが古典であり、そしてそれこそが人間的な文章なのです。だって、僕たちには一貫性はないでしょ。さっきまではこう思っていたけど、今はまったく違う風に思っているなんてことはよくあります。

学校の先生だって、途中からどんどん主題から離れてどこかに行ってしまう先生の講義のほうが断然面白いし、何年、何十年経っても記憶に残っています。

学術書やビジネス書でもあるまいし、パラグラフ・ライティングで書かれた結論誘導型（あるいは洗脳型）の文章なんて読みたくない。

内田さんの本は、読んでいると自分の思考が刺激されて、途中から内田さんの本の内容ではなく、自分の思考に集中してくる。何度も本を閉じて、コーヒーなど飲みながら外を眺めつつ、ぼんやりと思索してしまう。そんな本が多い（あ、僕にとってはね）。

なんか内田さんの本の書評のようになってしまっていますが、実は僕もそんな本を書きたいと常々思っているので、いつも羨《うらや》ましいなぁと思って眺めていたのです。

僕の場合はなかなかそのような本を書かせてもらえません。今まで書いた本の中では『あわいの力』（ミシマ社）と『能　650年続いた仕掛けとは』（新潮新書）くらいです。

なぜなら、僕がそんな本を書こうと思ったら、企画段階ではねられてしまうからです。編集者まではなんとか籠絡《ろうらく》できても、企画会議で「この本は何を言いたい本なのか」「メインターゲットは誰なのか」なんてチェックリスト風な質問をされて、そんな本の企画はボツになるか、あるいは穏便《おんびん》な企画に変容してしまう。

今回は、内田さんのおかげでそんな本に仕上がりました。この本にテーマはありません。また、同じことでもあるページに書いてあることと、他のページに書いてあることでは矛盾していることもあります。それをあえてそのままにしました。

読者の皆さまには、この本から何かを学ぼうなどとはせずに、この本から発せられる何かをひとつの契機に、ぜひさまざまな思索や創造をしていただければと思っております。まるで内田、安田とともに鼎談《ていだん》をしているかのように。

二〇一七年一一月

切りとり線

★読者のみなさまにお願い

この本をお読みになって、どんな感想をお持ちでしょうか。祥伝社のホームページから書評をお送りいただけたら、ありがたく存じます。今後の企画の参考にさせていただきます。また、次ページの原稿用紙を切り取り、左記編集部まで郵送していただいても結構です。

お寄せいただいた「100字書評」は、ご了解のうえ新聞・雑誌などを通じて紹介させていただくこともあります。採用の場合は、特製図書カードを差しあげます。

なお、ご記入いただいたお名前、ご住所、ご連絡先等は、書評紹介の事前了解、謝礼のお届け以外の目的で利用することはありません。また、それらの情報を6カ月を超えて保管することもありません。

〒101―8701（お手紙は郵便番号だけで届きます）
祥伝社　書籍出版部　編集長　萩原貞臣
電話03（3265）1084
祥伝社ブックレビュー　http://www.shodensha.co.jp/bookreview/

◎本書の購買動機

＿＿＿新聞の広告を見て	＿＿＿誌の広告を見て	＿＿＿新聞の書評を見て	＿＿＿誌の書評を見て	書店で見かけて	知人のすすめで

◎今後、新刊情報等のパソコンメール配信を　　希望する　・　しない

◎Eメールアドレス

@

100字書評

変調「日本の古典」講義

住所

なまえ

年齢

職業

変調《へんちょう》「日本《にほん》の古典《こてん》」講義《こうぎ》

平成29年12月10日　初版第1刷発行
平成30年1月10日　　第2刷発行

著　者　内《うち》田《だ》　樹《たつる》
　　　　安《やす》田《だ》　登《のぼる》

発行者　辻　浩明

発行所　祥《しょう》伝《でん》社《しゃ》

〒101-8701
東京都千代田区神田神保町3-3
☎03(3265)2081(販売部)
☎03(3265)1084(編集部)
☎03(3265)3622(業務部)

印　刷　堀内印刷
製　本　積信堂

ISBN978-4-396-61633-5 C0030
祥伝社のホームページ・http://www.shodensha.co.jp/

祥伝社刊

安田 登の本

疲れない体をつくる
「和」の身体作法
能に学ぶ深層筋エクササイズ

能に学ぶ
「和」の呼吸法
信長がストレスをパワーに変えた秘密とは?

体と心がラクになる
「和」のウォーキング
〝ゆっくり歩き〟で全身協調性と深層筋が目覚める

ゆるめてリセット
ロルフィング教室
1日7分! 体を芯からラクにするボディワーク